AMBIANCES
d'Asie

AMBIANCES
d'Asie

apéros | bouchées | récits

Texte et photos : CAROLYNE PARENT

TCHIN·TCHIN !

Guy Saint-Jean
ÉDITEUR

TCHIN•TCHIN!

Voyager dans sa cuisine, voyager dans son salon. Pourquoi pas? C'est même l'objectif de la collection «Tchin-Tchin!», qui allie découvertes et délices d'ailleurs.

Ailleurs. Depuis 1995, c'est justement ma résidence secondaire, là où, à titre de journaliste touristique, je me suis retrouvée. Comme il se doit, j'ai emmagasiné quantité d'impressions, d'images et de saveurs. Je n'en ai conservé que les meilleures pour concocter non pas des guides de voyage, non pas des livres de cuisine, mais plutôt une formule libre qui conjugue récits et recettes des quatre coins de la planète.

Au menu, des bouchées gourmandes, des amuse-gueules, des cocktails et des «mocktails» (cocktails sans alcool), issus de traditions locales, à servir à vos invités à l'heure de l'apéro. Que des petites choses friandes qui transportent illico les papilles en d'autres horizons. Des plats simples, pour la plupart, dont la réalisation ne requiert qu'un minimum d'ingrédients et d'habiletés. Dans chacun des livres de la collection, je propose aussi des assortiments de cocktails et de hors-d'œuvre d'origines variées, qui pourront servir de menus originaux à vos cocktails dînatoires.

Les récits, eux, alimentent la découverte des contrées d'où proviennent les recettes. Ils racontent des coins de pays, des rencontres, des émotions et des anecdotes puisés à même mes souvenirs de voyage. Qui sait, peut-être nourriront-ils les conversations entre convives… Et peut-être vous donneront-ils envie de petites ou de grandes évasions.

«Tchin-Tchin!» Pour goûter le monde entre amis!

Carolyne

Ambiances d'Asie

Je l'avoue, j'ai un faible pour l'Asie. Toute l'Asie. Je me sens chez moi chez les Malais, qui saluent une main sur leur cœur, comme chez les Japonais, d'une déférence extrême. Je suis à l'aise dans un bazar de Bangkok comme dans les rues nickel de Singapour. Chez Bouddha comme chez Brahma. Sur le Mékong et le Yangzi comme sur le Gange. *Ambiances d'Asie* est mon hymne à ce continent, et l'affection que je lui porte en colore chacune des pages.

Au premier chef de mon engouement, il y a des gens, des lieux et des paysages que vous découvrirez au fil de mes récits. De l'Inde à l'Extrême-Orient, en passant par le Sud-Est asiatique, ils survolent 10 coins de pays et s'attardent sur leurs sentiers les moins battus.

Au second chef, il y a la cuisine, dont j'apprécie la prodigalité — apparition simultanée de plats dont chacun se sert en toute convivialité —; les parfums — fraîcheur de la citronnelle, de la coriandre, du gingembre et feu des épices —; et la créativité qui se manifeste tant dans la présentation des mets que dans l'utilisation des denrées. Les hors-d'œuvre que je vous propose reflètent la diversité de la table asiatique, et plusieurs d'entre eux, du moins je l'espère, vous surprendront agréablement.

La sélection de cocktails, elle, donne… soif et comprend des mélanges parfois audacieux, toujours délicieux!

Un défi que m'a posé ce livre était de veiller à ce que les recettes soient représentatives des traditions culinaires locales tout en étant composées d'ingrédients facilement accessibles. J'estime l'avoir relevé même si, pour vous procurer certains d'entre eux, il vous faudra arpenter les allées d'une épicerie exotique, un voyage en soi.

Allez, le moment est maintenant venu de sortir votre wok du fond du placard et de cuisiner… baguettes en l'air! Ou de vous lover dans un fauteuil pour rêver de rizières.

Les récits et recettes au menu

Corée du Sud
À table à Séoul **11**

♦ ♦ ♦

Premier amour **16**
Douceur de Séoul **16**

♦ ♦ ♦

Salade de nouilles au bœuf
et aux légumes (*Japchae*) **17**
Galettes de courgette
(*Hobakjeons*) **17**

Philippines
D'île en île **27**

♦ ♦ ♦

Bellini à la mangue **32**
Mocktail Manille **32**

♦ ♦ ♦

Bruschettas de *longganisas*
et d'œufs de caille **32**
Crevettes à la citronnelle et
vinaigrette au miel et au tamarin **33**

Japon
À la source du zen **19**

♦ ♦ ♦

Sakétini **24**
Seiryuu **24**
Umeshu-soda **24**

♦ ♦ ♦

Maki de foie gras **25**
La fève sur la branche **25**

Hong-Kong
Chercher la Chine **35**

♦ ♦ ♦

Mandarin Sour **40**
Hong Kong Night **40**

♦ ♦ ♦

Quenelles (dumplings) de porc,
crevettes et pétoncles **40**
Crevettes à la sauce XO **41**
Légumes en robe de soja **41**

Chine
Au sud des nuages 43

• • •

Taï chi 48

• • •

Crevettes à la Tsingtao 48
Concombre aux crevettes séchées
et à la pâte de piment 48

Singapour
Parcours peranakan 59

• • •

Singapore Sling 63
Cocktail «Million Dollar» 64

• • •

Kébabs de bœuf piquant 64
Noix de cajou au garam masala 64
Saté de porc 65
Sauce à l'arachide 65

Thaïlande
L'Isan oublié 72

• • •

Mocktail à la citronnelle 79
Tom Yumtini 79
Vertigo Julep 80

• • •

Trempette épicée à l'ananas 80
Salade de pomélo 81
Salade de papaye verte 81

Viêtnam
Des cuisiniers, des empereurs, des tombeaux et deux restos 51

• • •

Longanetini 56

• • •

Poulet grillé aux feuilles
de combava 56
Rouleaux de printemps
au saumon fumé 57
Sauce au nuoc-mâm
et aux fines herbes 57

Bornéo, Malaisie
L'esprit du riz 67

• • •

Mocktail au thé vert, à la menthe
et au litchi 72
Le coupeur de têtes du Sarawak 72

• • •

Salade épicée de poisson, concombre
et germes de haricots 72
Rouleaux de printemps au crabe 73

Inde
De la forêt du Karnataka au pays bleu du Tamil Nadu 83

• • •

Lassi 88
Le thé glacé fruité du Leela 88

• • •

Pakoras d'aubergine et d'oignon 89
Crevettes à la noix de coco
et au curcuma 89
Chutney aux dattes
et au piment vert 89

Corée du Sud
À table à Séoul

La partition de la Corée en deux États, Nord et Sud, en 1948. Une guerre fratricide de 1950 à 1953. Samsung et Hyundai, deux géants industriels actifs dans plusieurs secteurs, dont l'électronique pour le premier et l'automobile pour le second. Le cinéaste Kim Ki-Duk. Les Jeux olympiques d'été à Séoul en 1988. Et la devise monétaire de la péninsule coréenne, le won, un mot glané en faisant des mots croisés. Voilà *grosso modo* ce à quoi se résumait pour moi le «Pays du matin calme» avant que je ne débarque dans la capitale de la Corée du Sud. Chouette, j'avais donc tout à apprendre!

Au-delà de la curiosité, ce petit pays sur lequel la Chine, la Russie et le Japon jettent leur ombre de super puissances m'inspirait également de la sympathie. Mais j'avais bien tort de m'inquiéter pour lui puisque son économie occupait le 13e rang du monde (en 2010). Et puis Séoul, capitale mondiale du design et hôte du sommet du G20 cette même année, ne claironnait-elle pas sa vitalité avec ses multiples chantiers de construction et ses ambitieuses réalisations en matière de réhabilitation urbaine?

Traversée par les méandres du fleuve Han, agrémentée de la promenade du ruisseau Cheonggye (remplaçant l'autoroute surélevée qui défigurait son centre-ville), ceinturée de montagnes, érigée sur des collines, dotée d'immeubles à l'architecture souvent délirante et de palais grandioses plusieurs fois centenaires, la mégapole de 10 millions d'habitants m'a conquise en un rien de temps.

Science et philo dans l'assiette

Est-ce dû aux souffrances engendrées par les guerres qu'ils ont connues, encore bien présentes dans la mémoire collective et ravivées par les agressions de la Corée du Nord, ou est-ce plutôt le fait d'une prédisposition naturelle? Je ne saurais dire, mais toujours est-il que les Séoulites m'ont semblé manifester un grand appétit pour la vie en général et la boustifaille en particulier. À toute heure,

Si l'*hansik* (cuisine coréenne) a beaucoup en commun avec les cuisines chinoise et japonaise, elle possède bien sûr ses propres spécialités, qui mettent à profit de sages enseignements ancestraux. L'un d'eux affirme notamment que «la cuisine et la médecine sont issues des mêmes racines». Avec une telle philosophie, il n'est pas étonnant que l'alimentation coréenne soit considérée comme l'une des plus saines du monde!

Ainsi, les principes chinois du yin et du yang, deux énergies créatrices des cinq éléments originels — bois, feu, eau, terre et métal —, régissent l'élaboration des mets. À chacun de ses éléments correspond une couleur, intégrée aux plats par les ingrédients. On croit que leur mélange facilite l'absorption par le corps des nutriments, tout comme on croit que l'appétit est stimulé grâce aux cinq goûts — sucré, salé, aigre, amer et épicé — omniprésents dans cette cuisine.

Mais la particularité de l'*hansik* qui m'a le plus étonnée est son usage d'aliments fermentés tel le *kimchi*. Un incontournable des repas coréens, cette préparation millénaire est composée de chou et d'épices qu'on laisse longuement fermenter dans de grandes jarres. S'y développe alors une bactérie bienfaisante, le lactobacille (également présent dans le yogourt), qui contribue à une bonne digestion et prévient certaines infections. «Nous en mangeons tous les jours, dit Carrie Yoon, une jeune Séoulite. Chaque automne, ma mère en prépare une grande quantité avec beaucoup de piments forts, qui nous durera tout l'hiver. C'est si bon pour la santé!»

en tous lieux, qu'est-ce qu'ils mangent! Il faut dire que les tentations abondent dans les rues de la capitale, qui ressemblent à des garde-manger à ciel ouvert tant elles comptent d'étals de nourriture. Et c'est sans parler des tentes qui sont dressées un peu partout le soir venu et qui abritent des cantines mobiles où on peut trinquer et casser la croûte à peu de frais.

Les classiques de l'*hansik*

Un mets santé dont je me suis souvent régalée au cours de mon séjour est le *bibimbap*. À base de riz, de légumes sautés, de viande ou de fruits de mer et d'un œuf au plat, il est très nourrissant. Sa variante, le *dolsot bibimbap*, est cuite de façon traditionnelle dans un bol en pierre et servie encore grésillante. Tous deux sont accompagnés de soupe et de divers *banchans* (petits plats) comme du *kimchi*, du radis asiatique mariné, et des pousses de fougères. Miam !

À Boracay, aux Philippines, une destination prisée par les Sud-Coréens, j'avais eu l'occasion de vivre l'expérience de leur fameux barbecue. À Séoul, je l'ai répétée avec plaisir dans un resto du centre-ville. Après avoir fait griller les morceaux de bœuf marinés sur le barbecue au charbon intégré à ma table, je les ai dégustés enveloppés dans des feuilles de laitue ou de mûrier avec des lamelles d'oignon et de la pâte de piments rouges. Miam (bis) !

Prenez note…

Champagne avec vue

Au centre-ville, la tour Jongno, qui semble tout droit sortie d'un film de science-fiction, abrite au 33e étage le restaurant Top Cloud duquel on a une vue saisissante sur la mégapole.

www.topcloud.co.kr

• • •

À couteaux tirés…

Production coréenne née en 1997 et depuis lors à l'affiche à Séoul, *Nanta* est une comédie musicale non verbale mettant en vedette de drôles de percussionnistes : des musiciens personnifiant des chefs et utilisant toutes sortes d'ustensiles de cuisine pour créer des rythmes enlevants sur une trame narrative hilarante. À voir, mais à ne pas tenter de reproduire dans sa cuisine…

www.nanta.co.kr

• • •

Au *jjimjilbang* tous !

Quelle belle tradition que celle du *jjimjilbang*, l'équivalent sud-coréen du hammam turc ou de l'*onsen* japonais ! Dans la capitale, le Dragon Hill Spa est une adresse que je vous recommande fortement. Piscine, bassins à remous, saunas, salles de massage, salons de beauté, aires réservées à la sieste, cinéma, restaurants multiples et j'en passe, occupent ses huit étages consacrés à la détente. Et tout ça moyennant des droits d'entrée de 12 000 wons (environ 10,50 $; 8 €) par personne, prêt d'un bermuda et d'un t-shirt unisexes – pour mieux relaxer – compris ! Ouvert sept jours par semaine, 24 heures par jour (on peut donc y passer la nuit si ça nous chante), ce *jjimjilbang* voit défiler plus de 2000 personnes au quotidien.

www.dragonhillspa.co.kr

Au hasard des quartiers, des marchés et de leurs étals de fortune (lire «La cuisine de rue : y goûter ou pas ?», page 90), j'ai aussi fait de belles découvertes gourmandes. Au marché Namdaemun, vieux de 600 ans, j'ai savouré des petits «pains fleurs» faits de lait, de farine et de pâte de haricots rouges. «Les personnes âgées ont un attachement particulier pour ce gâteau, dit Carrie Yoon, car elles s'en sont nourries pendant la guerre.»

Dans la rue Insa-dong, célèbre pour ses échoppes de matériel à calligraphie et de céladons (des céramiques délicates réputées pour leur couleur allant du vert olive au gris-bleu pâle), je suis devenue accro d'une friandise étonnante composée de 16 000 fils de miel, fourrée aux noix et préparée sous nos yeux. Un vrai tour de micro-magie ! Comme cette rue et les venelles attenantes comptent de nombreux salons de thé traditionnels, j'en ai profité pour faire une pause dans l'un d'eux, Da Sarang, et siroter une infusion d'un rouge éclatant appelée «thé des cinq saveurs», accompagnée d'exquis gâteaux de riz et d'une pâtisserie à base de kaki séché et de noix.

À Myeong-dong, le cœur du centre-ville dont on dit qu'il est le berceau de la mode sud-coréenne, d'innombrables étals proposant brochettes de poisson, «ficelles» de riz

L'«hanok» aimée

L'*hanok* est une habitation de bois traditionnelle à toit de tuiles ou de chaume dont le plan architectural varie selon les régions, en fonction du climat. La caractéristique première de cette maison est son système de chauffage unique au monde : l'*ondol*. Installé sous le bâtiment, il permet, par temps froid, de s'asseoir et de dormir directement sur le sol. Une autre particularité de cette demeure est qu'elle s'ouvre sur une cour ou un jardin intérieur comme les *siheyuans*, les maisons traditionnelles de Pékin. Le village traditionnel de Namsan présente cinq magnifiques *hanoks* érigées sous la dynastie Choson (1392-1910) aux quatre coins de Séoul et maintenant rapatriées dans un parc pour qu'on puisse les visiter. Ancien quartier séoulite des nobles, Bukchon est en grande partie composé d'*hanoks* datant du début du XXᵉ siècle et bellement préservées. Certaines d'entre elles ont été converties en maisons d'hôtes, et je ne saurais trop vous encourager à y séjourner !

http://bukchon.seoul.go.kr

nappées de sauce au piment fort, spirales de pomme de terre et autres fritures de crevettes m'ont aussi fait de l'œil. Et il m'a soudain semblé évident que je ne viendrais jamais à bout de l'offre culinaire séoulite, foisonnante en toute saison, au cours d'une seule visite. Il me faudra donc y retourner et, qui sait, d'ici là peut-être serai-je suffisamment brave pour goûter à une autre spécialité fort exotique : des tentacules de poulpe servis encore frétillants. Miam ? Euh… peut-être ! Affaire à suivre.

Douceur de Séoul

◆ ◆ ◆

Le barman Eom a créé ce cocktail juste pour nous !

60 ml (2 oz) de soju*
15 ml (1/2 oz) de Southern Comfort
15 ml (1/2 oz) de liqueur de mangue (comme Mangoyan)
10 ml (1/3 d'oz) de sirop parfumé à la pêche (tel celui de Monin)
10 ml (1/3 d'oz) de sirop parfumé à la rose (tel celui de Monin)
20 ml (3/4 d'oz) de jus de lime
Zeste d'orange

◆ Verser tous les liquides dans un shaker rempli de glaçons, agiter, puis à l'aide d'une passoire à glaçons, filtrer au-dessus d'un verre à martini refroidi. Exposer brièvement le zeste à la chaleur d'une flamme (celle d'un briquet, par exemple), le tordre au-dessus du cocktail pour le parfumer, puis le déposer dans le verre.

* *Le soju est un alcool de riz coréen qui titre 20°. Vous pouvez le remplacer par de la vodka.*

Premier amour

◆ ◆ ◆

Coup de foudre pour ce cocktail du barman
Louis Eom *du Ritz Bar à Séoul !*

1/3 de concombre non pelé et coupé en dés
45 ml (1 1/2 oz) de soju*
30 ml (1 oz) de liqueur de melon (comme Midori)
Le jus d'un demi citron
Une fine tranche de concombre (coupée sur la longueur d'un demi concombre)

◆ Dans un shaker, écraser les dés de concombre avec un pilon. Ajouter les alcools, le jus et des glaçons. Agiter vigoureusement, puis à l'aide d'une passoire à glaçons, filtrer au-dessus d'un verre à martini refroidi. Déposer la tranche de concombre dans le verre.

* *Le soju est un alcool de riz coréen qui titre 20°. Vous pouvez le remplacer par de la vodka.*

Salade de nouilles au bœuf et aux légumes (*Japchae*)

◆ ◆ ◆

*Le chef **Kim Soon-Ki** du Ritz-Carlton à Séoul nous propose cette savoureuse salade qui fera le délice de vos invités !*

(Donne 3 portions)

50 g (2 oz) de champignons noirs séchés et fragmentés*

80 g (3 oz) de nouilles de pomme de terre
(*glass noodles* en anglais)*

Quelques traits de sauce soja

2 c. à soupe d'huile de sésame

30 g (1 oz) d'oignon coupé en julienne

4 tranches de bœuf à fondue déchiquetées

20 g (environ 1 oz) de poivron rouge coupé en julienne

20 g (environ 1 oz) de poivron vert coupé en julienne

30 g (1 oz) d'épinards hachés

1 c. à soupe de sauce soja

2 c. à soupe d'huile de sésame

2 c. à thé (à café) de sauce soja

Graines de sésame grillées

3 gros piments forts rouges (facultatif)

◆ Réhydrater les champignons dans de l'eau chaude.

◆ Faire bouillir de l'eau, la colorer de sauce soja, puis ajouter les nouilles. Cuire pendant environ 4 minutes ou jusqu'à ce qu'elles soient *al dente*. Rincer à l'eau froide, égoutter, puis couper les

nouilles avec des ciseaux pour qu'elles puissent être facilement saisies avec des baguettes. Réserver.

◆ Dans une grande casserole, chauffer l'huile et faire revenir l'oignon, puis la viande et les poivrons. Égoutter les champignons et les ajouter. Incorporer les épinards, puis assaisonner de sauce soja.

◆ Dans une autre casserole, chauffer l'huile et la sauce soja, puis ajouter les nouilles. Incorporer le mélange précédent et poursuivre la cuisson jusqu'à l'évaporation du liquide.

◆ Répartir dans 3 coupelles et saupoudrer de graines de sésame. Servir sans tarder avec des baguettes, accompagné des piments entiers, à la mode coréenne, si désiré.

* *Vous trouverez ces champignons et ces nouilles dans les épiceries exotiques.*

Galettes de courgette (*Hobakjeons*)

◆ ◆ ◆

Un repas coréen comprend de la soupe et du riz, ainsi que plusieurs accompagnements que tous les convives se partagent. Au nombre de ces banchans, *les* hobakjeons, *ou galettes de courgette, sont particulièrement populaires.*

(Donne une trentaine de galettes, selon la taille de la courgette)

1 courgette

Sel

2 œufs battus

2 c. à soupe de farine

Huile à friture

Piment fort rouge épépiné et haché menu, au goût

SAUCE

2 c. à soupe de sauce soja

2 c. à soupe de vinaigre de riz

1 c. à thé (café) de pignons crus

◆ Trancher la courgette en disques d'environ 1/2 cm (1/4 de po) d'épaisseur. Saler, laisser dégorger 10 minutes, puis éponger.

◆ Fariner légèrement les tranches, les plonger dans le bain d'œufs et les poêler dans un peu d'huile jusqu'à ce qu'elles soient bien dorées des 2 côtés. Transférer dans un plat de service et saupoudrer de piment.

◆ Mélanger la sauce soja et le vinaigre, ajouter les pignons et servir avec les galettes.

Japon
À la source du zen

Design zen. Cuisine zen. Gestion zen. C'est évident : le zen a la cote en Occident et ne cesse de faire des adeptes. Mais des adeptes de quoi, au juste ? Car de cette école du bouddhisme venue de Chine et implantée au Japon au XIIIe siècle, de cette école qui, par son exaltation de la beauté, a grandement favorisé l'éclosion des arts japonais, de la cérémonie du thé au jardin sec en passant par le haïku, l'arrangement floral, la calligraphie et jusqu'au kendo, un art martial se pratiquant avec un sabre en bambou; du zen, donc, il semble bien que le commun des Occidentaux ait surtout retenu l'esthétisme. Soufflée comme une fleur de cerisier par un vent printanier, la quête du *satori*, l'illumination à laquelle on aspire par la pratique du *zazen* ou méditation assise.

Megumi Hirooka, coordonnatrice de la formation au Centre japonais de la coopération internationale, à Tokyo, écarquille les yeux en apprenant qu'en Occident, plus souvent qu'autrement, zen est synonyme de dépouillement, de minimalisme, de calme, de paix, de sérénité, alouette ! « Cela me semble bien exotique ! dit-elle. Peut-être connaissons-nous davantage l'état zen que le sens que vous lui donnez. Vous savez, nous, Japonais, réprimons constamment nos émotions. Nous sommes donc en effet un peuple très calme ! Sérieusement, il peut être très stressant de vivre et de travailler au Japon : imaginez, ressentir de la colère, par exemple, et ne jamais être autorisé à l'exprimer… »

Marc Carpentier, un Montréalais installé à Tokyo depuis 2000, où il travaille comme formateur et conseiller chez le radio-télédiffuseur national Nippon Hoso Kyokai, se défend bien d'être un spécialiste du zen ou de la société japonaise, mais ses observations le portent à croire que le Japonais moyen n'est pas zen dans le sens spirituel du terme. « Il faut savoir que le Japonais ne perd jamais son sang-froid, dit-il. D'où cette image de tolérance qui donne l'impression qu'il est stoïque ou… zen. Or, si le zen se

manifeste dans les arts traditionnels et l'esthétisme japonais, ce n'est toutefois qu'un *tatemae*, un masque voilant une âme qui a perdu son identité spirituelle. L'image zen que reflète le Japon d'aujourd'hui cache assurément une certaine rigidité de pensée et de comportement.»

Zen-o-phobe, la capitale?

Balayées comme les feuilles d'un sasaki par une bourrasque d'automne, mes illusions sur le zen! J'en chercherai quand même l'esprit dans le vacarme de la capitale. Car Tokyo, on s'en doute, n'est pas reposante pour deux yens avec 13 millions d'habitants (32 millions pour la grande aire métropolitaine) et ses 6000 personnes au kilomètre carré. Imaginez un peu le *rasshawa* (de *rush hour*, «l'heure de pointe»)!

Tokyo, c'est Shinjuku et ses gratte-ciel qui donnent le torticolis. Shibuya, le «théâtre» des jeunes qui créent les tendances mode d'après-demain. Ginza, où se concentrent les boutiques de luxe. Sans oublier Asakusa, le quartier le plus représentatif de la (très) vieille ville, du temps où elle s'appelait Edo.

Tokyo, c'est aussi la grâce du Palais impérial et l'incongruité du «piment» dont Philippe Starck a coiffé le siège social de la brasserie Asahi. Ce sont des salons de thé traditionnels et des bars underground, au sens propre comme figuré. Des belles en kimonos et des collégiennes en micro-jupes.

Mais c'est également la sérénité du sanctuaire Meiji Jingu, enfoui au fond d'un bois touffu et dont l'entrée est marquée par un torii monumental. Dédié à l'empereur Meiji et à l'impératrice Shoken, l'ensemble de beaux pavillons se découvre au terme d'une déambulation en pleine nature qui pourrait être zen si le site n'était pas shinto ! Il est en effet fort difficile d'imaginer qu'à quelques enjambées de là, sur Omotesando, les Champs-Élysées de la capitale, on sirote des cappuccinos. Il ne faut rien imaginer, justement, et profiter de l'oasis.

Hiroshima, ville de la paix

Chercher l'esprit zen à Hiroshima ? Dans la mesure où la ville réussit à transcender ses souvenirs douloureux, pourquoi pas ? Le 6 août 1945, les Américains larguaient Little Boy, qui explosa à 580 mètres au-dessus du centre de la ville. En un éclair, celle-ci fut anéantie à 90 %, puis la « boule de feu » calcina tout dans un rayon de deux kilomètres. En décembre de la même année, on estimait que *pikadon* — onomatopée par laquelle les Japonais désignent la bombe atomique — avait tué 140 000 des 350 000 personnes qui étaient alors à Hiroshima.

« Les survivants d'Hiroshima représentent environ 7,5 % de sa population, qui est d'un million », dit la guide Naoko Koizumi. Question naïve, Naoko-san : ils ont pardonné, les survivants ? « Ceux que j'ai rencontrés m'ont dit qu'ils ne pouvaient pardonner aux leaders qui avaient décidé du bombardement, mais qu'ils ne ressentaient plus de haine envers le peuple américain. Ou encore, que c'est la guerre qu'il faut haïr, pas les gens. Comme l'a si bien dit le Dr Takashi Nagai, une victime de Nagasaki : lorsque la haine envahit nos cœurs, nous perdons tout droit de désirer la paix. »

Au Musée pour la paix, que visitent tous les écoliers du Japon, de même que, chaque année, des dizaines de milliers d'Américains, de loin les touristes étrangers les plus nombreux, il y a des images qui valent mille statistiques, qui donnent un visage à cette « chose » dont l'horreur dépasse l'entendement.

Squelette de ce qui fut le Hall de promotion industrielle de la préfecture avant la déflagration, le Dôme de la

bombe A, témoignage silencieux de la tragédie, fait réfléchir. Mais la Flamme de la paix, non loin, n'inspire pas moins la réflexion : elle ne sera éteinte que lorsque les essais nucléaires auront cessé dans le monde. À Hiroshima, on ne carbure pas tant au zen qu'à l'espoir.

Kyoto, la « zenissime »

À Kyoto, foyer spirituel et culturel du pays, dont elle fut la capitale pendant plus de 1000 ans, mon cœur s'est soudainement senti léger comme une brume matinale au sommet du Fuji-san. Non sans raison : dans la ville et les collines boisées qui la ceinturent, quelque 1600 temples bouddhiques sont installés.

Parmi ceux-ci, un bon nombre sont zen, tel le temple Ryoan-ji, mondialement célèbre pour son jardin minéral qui, dit-on, est le plus représentatif de l'art du *karesansui* ou jardin sec. En un espace de la dimension d'un court de tennis, 15 pierres sont groupées en cinq îlots. Quinze pierres et les sillons qu'un râteau a imprimés dans le gravier tout autour. Et c'est tout. Pourtant, cela fait 500 ans qu'on tente d'en déchiffrer l'indéchiffrable secret…

Le jardin zen est une invitation à la méditation et à l'abandon du moi, qu'on doit laisser au vestiaire du temple, en même temps que ses chaussures. On contemple « l'œuvre » depuis la véranda d'un hall principal, souvent attenant à un salon de thé, où les moines ingurgitent le breuvage qui les gardera éveillés le temps de leur *zazen*. C'est tôt le matin qu'il faut visiter ces jardins, en compagnie des étudiants et des travailleurs de Kyoto, qui vont s'y recueillir. L'ennui, c'est qu'il faut beaucoup, beaucoup de matins, vu le nombre de jardins ! Daitoku-ji, par exemple, l'un des plus importants monastères zen de la ville, en compte cinq ouverts au public, dont celui du sous-temple Daisen-in, autre chef-d'œuvre du genre, et celui tout en

vagues de Zuiho-in. Et c'est sans compter ceux de Nanzen-ji, Kodai-ji, Kinkaku-ji et tant d'autres « ji ».

Mais moi, c'est plutôt d'un « dô » dont je garde le plus zen des souvenirs. Adossé aux collines d'Higashiyama, l'ermitage Shisen-dô est des plus modestes. Le temple rustique est coiffé d'une alcôve destinée à l'observation de la lune. Par-delà les tatamis de méditation brillent un étang et une étendue de sable blanc, qu'un balai effleure quotidiennement. Et voilà qu'à l'orée du jardin, des sandales m'ont fait une invitation inespérée : les chausser pour fouler cet espace sablonneux, partout ailleurs inaccessible. Vous dirai-je l'impression ressentie ? Calme, paix, sérénité, alouette.

Le 11 mars 2011, un violent séisme s'est produit au nord de l'île d'Honshu qui a entraîné un tsunami dévastateur. Au moment de mettre sous presse, le ministère des Affaires étrangères et Commerce international du Canada recommandait d'éviter tout voyage non essentiel à Tokyo, dans ses environs et au nord d'Honshu, ainsi que tout voyage dans un rayon de 80 kilomètres de la centrale nucléaire de Fukushima. Pour ma part, je n'hésiterais pas à voyager présentement au Japon hors de ces zones. À mon avis, il s'agirait même de tourisme solidaire…

Prenez note…

Des thons à l'encan !

Situé dans la baie de Tokyo, Tsukiji est le plus grand marché de poissons du Japon, sinon du monde. Ici, tous les matins (sauf le dimanche), des thons sont vendus aux enchères, certains au prix d'une petite Honda, me dit-on.
Ça alors : j'appréhende celui des sushis !

◆ ◆ ◆

Tapas nippons

Dans Shibuya, Nonbei Yokocho, ou «l'allée des ivrognes», est un petit bout de rue illuminé de lanternes rouges où, parallèlement à une voie ferroviaire, s'alignent des restos grands comme des placards. Assis cuisse contre cuisse, les clients boivent de la bière tout en grignotant yakitoris (brochettes de viande), huîtres frites, racine de lotus grillée et autres petites bouchées. Ambiance 100 % tokyoïte garantie !

◆ ◆ ◆

Kaiseki à Kyoto…

Variant au fil des saisons, la grande cuisine japonaise, appelée *kaiseki*, consiste en une profusion de petits plats, où priment la qualité des ingrédients et l'esthétisme de la présentation. C'est à Kyoto, au ryokan (auberge traditionnelle) Kinmata, que j'ai vécu pour la première fois cette aventure gastronomique. Une table basse (et une pièce !) m'avaient été réservées. Un shoji s'ouvrait sur un jardinet qu'éclairait la lune. Une fontaine glougloutait. Et trois heures durant, un cortège d'hôtesses, vêtues de riches kimonos, ont posé devant moi leurs tout petits plats. Japonissime.

www.kinmata.com

◆ ◆ ◆

Et *kaiten-zushi* partout au pays !

À l'autre pôle de l'offre de restauration nippone, il y a les *kaiten-zushi* (littéralement «le sushi qui tourne»), des restaurants sans prétention où les sushis défilent sur un tapis roulant, posés sur des assiettes de couleurs différentes auxquelles correspond un prix. On choisit ce qui nous fait envie, puis le garçon calcule l'addition… en fonction de nos assiettes !

Sakétini

◆ ◆ ◆

*Le saké est un alcool de riz qui se savoure nature
comme le vin. Pour certains Japonais, c'est même
une hérésie de mélanger cette «boisson des dieux»
— elle sert d'offrande lors des rituels shinto — à d'autres
liquides. Mais puisque le sakétini est une création nippone,
je n'ai dès lors aucun scrupule à vous donner
cette recette, qui provient du sublime ryokan
Hoshinoya Arashiyama à Kyoto !*

45 ml (1 ½ oz) de saké (de tous types)
10 ml (⅓ d'oz) de vermouth sec

◆ Verser les alcools dans un verre à mélange, sur quelques glaçons,
et remuer. À l'aide d'une passoire à glaçons, filtrer au-dessus d'un
petit verre à martini refroidi.

Seiryuu

◆ ◆ ◆

*Quand on sait à quel point l'eau utilisée dans l'élaboration
du saké contribue à sa saveur, on apprécie doublement
la poésie du nom de ce cocktail, qui signifie «eau pure de
rivière». Chapeau au Ritz-Carlton de Tokyo pour cette création !*

30 ml (1 oz) de saké (de tous types)
15 ml (½ oz) de curaçao bleu
15 ml (½ oz) de jus de citron
10 ml (⅓ d'oz) de jus de lime
1 fine tranche de citron

◆ Verser alcools et jus dans un shaker rempli de glaçons, puis à l'aide
d'une passoire, filtrer au-dessus d'une flûte à champagne contenant
un glaçon. Garnir de la tranche de citron.

Umeshu-soda

◆ ◆ ◆

*Une autre boisson très populaire dans l'archipel
est l'umeshu, un alcool de prune qui se prête bien
à la création de cocktails rafraîchissants.*

60 ml (2 oz) d'alcool de prune japonais
(comme celui de Gekkeikan)
30 ml (1 oz) de soda ou de soda tonique

◆ Verser les liquides dans un petit tumbler, sur des glaçons,
et mélanger.

Machines distributrices de saké

Maki de foie gras

◆ ◆ ◆

Au lieu d'une feuille d'algue séchée, des feuilles de chou.
Plutôt que du riz vinaigré et du poisson, du foie gras.
*Oui, le chef Tatsuya Nishio du **ryokan Hoshinoya Kyoto***
réinvente d'élégante façon le maki-zushi *! Notez qu'il faut*
un tapis à maki (utilisé pour la confection des sushis) d'environ
25 cm X 25 cm (10 po X 10 po) pour réaliser cette recette.
(Donne environ 15 bouchées)

1 litre (4 tasses) d'eau
1 trait d'huile végétale
2 pincées de sel
5 ou 6 feuilles de chou vert
90 g (3 oz) de foie gras*
Confiture de bleuet

- Faire bouillir l'eau, puis ajouter l'huile et le sel.
- Retirer la nervure centrale des feuilles, puis cuire le chou jusqu'à ce qu'il se soit assoupli. Égoutter (mais ne pas rincer) et éponger délicatement avec du papier absorbant.
- Couvrir le tapis à maki d'une pellicule plastique, puis du chou sur un peu plus de la moitié de cette surface en laissant à découvert environ 1 cm (1/3 de po) à sa base. Étaler d'abord les plus grandes feuilles, leurs nervures parallèles au tapis, en alignant leurs bords sur ceux du tapis et en les faisant se chevaucher.
- Trancher le foie gras en trois blocs rectangulaires d'environ 8 cm (3 po) de longueur et 1,5 cm (1/2 po) d'épaisseur. Les poser sur le chou, à la base du tapis, puis rouler fermement. Rabattre à nouveau le tapis sur ce rouleau, puis rouler une deuxième fois, toujours en pressant bien pour que le chou adhère au foie gras. Rouler une dernière fois, puis réfrigérer le maki dans sa pellicule plastique pendant au moins 2 heures. (Raffermi, il se tranchera mieux.)
- Retirer la pellicule plastique, trancher le rouleau en une quinzaine de disques, puis du bout d'une baguette, déposer un soupçon de confiture au centre de chacun d'eux. Disposer dans une belle assiette de service en céramique et offrir.

* *Vous pourriez lui substituer votre pâté de campagne ou terrine préférée et une confiture appropriée.*

La fève sur la branche

◆ ◆ ◆

*Originaire d'Asie, l'*edamame*, mot japonais signifiant*
«la fève sur la branche», est la fève de soja fraîche
récoltée lorsqu'elle est encore tendre.

- Pour déguster ces légumineuses, contenues dans des cosses, il suffit de plonger celles-ci dans de l'eau bouillante pendant environ 5 minutes, de les égoutter et de les saupoudrer de fleur de sel avant de les faire glisser entre les dents. Vous pourriez également les servir avec la sauce qui accompagne les *hobakjeons* (voir la recette dans le chapitre Corée du Sud, p. 17) en remplaçant toutefois les pignons par une quantité équivalente de gingembre râpé.

Vous trouverez les fèves de soja edamame au comptoir des aliments surgelés des marchés d'alimentation.

Philippines
D'île en île

Contrairement à Imelda Marcos, Manille ne gagnera pas de concours de beauté. À sa décharge, il faut dire que la capitale a été grandement éprouvée pendant la Deuxième Guerre mondiale. «Manille fut la Varsovie d'Asie», rappelle la guide Lynn Baranda Erba. Cela dit, elle possède plusieurs attraits — et curiosités — touristiques qui permettent de comprendre son évolution sous les colonisations espagnole et américaine, puis sous le règne du président Ferdinand Marcos (1965-1986).

Adulée par les uns, honnie par les autres en raison de ses extravagances et des accusations de fraude qui ont ponctué les années au pouvoir de son mari, Imelda Marcos a créé le premier ministère du Tourisme philippin en 1973 et laissé sa marque dans la ville tentaculaire. Non loin de la baie, sur des terres gagnées sur la mer, l'ex-reine de beauté a fait édifier le Centre cinématographique de Manille, le Centre culturel des Philippines et le Centre des congrès. La Casa Manila, réplique d'une riche demeure coloniale du XIXᵉ siècle, est également son œuvre, de même que le Coconut Palace, une villa délirante dont la majeure partie de la structure, du mobilier, des éléments décoratifs et jusqu'à la literie provient des différentes composantes du cocotier. (La résidence devait accueillir le pape Jean-Paul II en 1981, mais sa Sainteté a préféré se reposer ailleurs.) L'hôtel Manila, un palace qui fait écho à l'hôtel Raffles de Singapour, et où le général Douglas «*I-shall-return*» MacArthur a vécu pendant six ans, lui doit également sa restauration. «En dépit de tout, Imelda Marcos était une visionnaire», affirme la guide Teresina Quitevis.

Avant de m'envoler pour les îles, je jette aussi un coup d'œil sur la zone historique Intramuros, le plus vieux quartier de la capitale, construit par les Espagnols au XVIᵉ siècle et réhabilité sous l'impulsion de l'ex-première dame; le palais présidentiel Malacañang; Makati City, le centre des affaires moderne du Grand Manille; et l'Ayala Museum, un très beau musée d'histoire et d'art philippins.

Centre commercial «imeldifique» comptant 400 000 mètres carrés de boutiques, le Mall of Asia est un autre «attrait» où défilent 200 000 personnes au quotidien! En passant, les Philippins sont tellement accros du shopping que la plupart des centres commerciaux du pays possèdent une chapelle où les fervents vont prier le dimanche matin avant d'aller pêcher chez Esprit! «C'est qu'ils sont climatisés…», nuance Luis Morano, à l'emploi du ministère du Tourisme.

Bohol d'air

Dans l'archipel des Visayas, Bohol, la première étape de ma tournée, me plonge dans une verte «courtepointe» de rizières, de forêts et de plantations de manguiers, d'ignames et de *nipa* (une variété de palmiers dont les feuilles séchées servent ici à réaliser le toit des maisons). Sur la route, je croise des *kalabaw*, buffles d'eau et meilleurs amis du paysan, ainsi que des jeepneys bellement bariolés. Nés dans les années 1940, ces véhicules servant au transport public sont inspirés des jeeps qu'utilisaient les Américains pendant la guerre. Fierté des Philippins, ils sillonnent aujourd'hui tout le pays.

Après une croisière sur la rivière Loboc, qui m'a permis de contempler la «courtepointe» d'un autre angle, la guide Gwendelyn Bitancor me présente une étrange créature qui n'existe nulle part ailleurs sur la planète, dit-elle: le tarsier.

Animal nocturne, arboricole et gros comme le poing, ce primate a des yeux démesurément grands pour sa taille, des oreilles à la Yoda et une queue de rat. Quelle bibitte étonnante! Dans l'enclos où ils sont gardés en semi-captivité, deux douzaines de tarsiers sont agrippés aux branches de crotons et semblent beaucoup moins impressionnés par moi que moi par eux.

Les Chocolate Hills, quelque 1300 collines coniques d'origine corallienne tapissées de végétation, sont un autre attrait de Bohol, et de loin le plus populaire. «De mars à avril, pendant la saison sèche, leur végétation est brûlée par le soleil et elles ressemblent alors aux Kisses de Hershey [des chocolats en forme de larme], raconte la guide. Mais maintenant [nous sommes en octobre, à la fin de la mousson], elles sont plutôt vert menthe.» Qu'importe: ces Carmen Hills, le nom qu'elles portaient avant que l'industrie du tourisme ne les adopte, ponctuent le paysage de leur rotondité insolite sur des kilomètres à la ronde, et c'est simplement très beau.

Gwendelyn m'entraîne ensuite dans le village de Bool, où un monument commémore le pacte de sang qui unit, en 1565, le chef local Sikatuna au conquistador des Philippines, Miguel López de Legazpi. Moins de deux heures de traversier plus tard, j'apprendrai, dans l'île de Mactan, que Fernand de Magellan, lui, fut pas mal moins bien reçu…

Pauvre Magellan

Imaginez, lever les voiles avec la bénédiction de Charles Quint, traverser l'Atlantique, longer l'Amérique du Sud, découvrir par hasard un passage débouchant sur le Pacifique, maintenir le cap contre vents et mutineries, se ravitailler à Guam et convertir quelques indigènes au passage pour finalement périr aux mains d'un chef tribal portant le nom d'un poisson ! Selon le guide Balbino Guerrero, comme ça s'était plutôt bien passé avec le chef de l'île voisine de Cebu, notre explorateur, enhardi, tomba dans le piège que lui tendit Lapu-Lapu — «mérou» en tagalog. Et le voilà portant armure et arquebuse qui descend de sa caravelle sur le rivage de Mactan, à marée basse et sous un soleil de plomb, avec une poignée d'hommes face à des centaines d'insulaires les bombardant de flèches empoisonnées… Triste fin s'il en est. La bataille est commémorée sur le site même où elle a eu lieu par une statue d'un Lapu-Lapu apeurant et d'un monument à Magellan.

Dans l'île de Cebu, la ville portuaire du même nom est réputée pour la fameuse croix qui renferme les restes de celle que Magellan a plantée sur cette terre en 1521, la Casa de l'évêque Gorordo, un musée qui témoigne du style de vie opulent de l'élite *cebuana* du XIXe siècle, et le Carbon Market, qui n'a rien à voir avec LE marché du carbone, on s'en doute. Ancien terminus de la ligne de chemin de fer de Cebu, le site servait jadis d'entrepôt au charbon qui alimentait les locomotives. Aujourd'hui, ce joyeux bazar foisonne de marchandises hétéroclites, de fruits et de légumes bizarres et de visages avenants. Au nord de Cebu, l'île de Malapascua attire tous les pros de la plongée sous-marine, et pour cause : les eaux des parages sont le royaume des requins renards et autres poissons sympas du genre !

Poudreuse à la plage

Au départ de l'île de Panay, j'emprunte une navette à destination de la micro-île de Boracay, dont le nom, dérivé de *borac*, qui signifie «coton» dans la langue indigène locale, fait référence à White Beach, LA plage du pays. Comme de raison, la vaste étendue de poudre blanche n'est pas déserte, loin s'en faut. On dirait même que tous les nouveaux mariés de la Corée du Sud s'y sont donné rendez-vous. On reconnaît ces couples aisément : ils s'habillent en jumeaux, même bermuda, même t-shirt, même chapeau !

Longeant la plage, une large promenade piétonne, plantée de cocotiers, sépare White Beach d'une succession d'hôtels, de boutiques, de cafés et de centres de massage à ciel ouvert. Mais pour peu qu'on s'en éloigne, on découvre la Boracay tant vantée. À la hauteur de Station 1 (la plage est découpée en plusieurs «stations») et de l'élégant hôtel Discovery Shores, l'environnement est à la hauteur de sa réputation. Et puis, encore plus au nord, il y a Puka Beach, la plage sauvage de mes fantasmes. Je m'y installe. La mer est chaude, cristalline et d'un bleu-vert aveuglant. Ma foi, il ne manque qu'un *paraw*, une embarcation traditionnelle à balancier, à foc et à grand-voile colorés, pour que le tableau soit parfait. Et justement, en voilà un !

Prenez note...

À chacun son île

Entre Taiwan et Bornéo, les Philippines égrènent… 7107 îles !

◆ ◆ ◆

Une histoire en raccourci

«Trois cents ans dans un couvent, cinquante ans à Hollywood.» C'est ainsi que les Philippins résument leur histoire sous le joug des pouvoirs coloniaux espagnol et américain. Mais alors qu'au «couvent», on ne daigna pas leur enseigner l'espagnol, à «Hollywood», on leur permit d'apprendre l'anglais, un «passeport linguistique» grâce auquel ce peuple est aujourd'hui l'un des plus mobiles de la planète.

MOI, MES SOULIERS…

«Capitale de la chaussure» des Philippines, Marikina manufacture 70 % de tout ce que le pays produit comme souliers. C'est d'ailleurs pour honorer ses premiers artisans, qui se sont installés dans cette municipalité du nord de Manille au XIXe siècle, que le Musée de la chaussure fut inauguré en 2001. Mais si on y trouve bien un diorama représentant ces pionners à l'œuvre, c'est une tout autre collection qui lui vole la vedette : celle des chaussures d'Imelda Marcos, un don de l'ex-première dame du pays au musée.

Dans ce qui fut jadis un arsenal, un immense portrait de la veuve de Ferdinand Marcos veille sur des vitrines pleines à craquer de mules, de sandales, d'escarpins d'avant-midi, d'après minuit, perlés, incrustés de pierres du Rhin, vernis, en peau de croco ou de python. Beltrami, Charles Jourdain, Bruno Magli, Chanel, Givenchy, Ferragamo, Bally, Maro (une marque locale) : les étiquettes se lisent comme un *who's who* mondial de la chaussure de luxe. Au total, 620 paires sont exposées, dont 3 ayant appartenu au dictateur.

Selon le *Livre Guinness des records*, Imelda Marcos possédait 3000 paires de souliers. Au seul palais présidentiel, on en a retrouvé 1200 (mises sous séquestre lors de l'exil forcé du couple en 1986). «Le sous-sol de Malacañang était l'entrepôt d'Imelda, raconte la guide Lynn Baranda Erba. Ça ressemblait à un grand magasin ! Il y avait là ses vêtements, dont une robe traditionnelle pare-balles, ses chaussures, y compris une paire à talons hauts lumineux qui clignotaient lorsqu'elle dansait, des boîtes et des boîtes pleines de bijoux – elle adorait Cartier. Et dans la chambre forte, avec tous les diamants, il y avait aussi l'ours en peluche que lui avait offert George Michael.»

Rien à cirer

Comme il est de notoriété publique que Ferdinand Marcos aurait délesté le Trésor philippin de milliards de dollars au cours de ses 20 années au pouvoir, la pointe de fierté qui transparaît dans la voix de la guide m'étonne. D'autant plus que les Philippins ne roulent pas sur l'or… Quand je le lui fais remarquer, c'est alors ma surprise qui l'étonne : «On a crié au scandale à l'étranger, mais pas ici, dit-elle. Vous savez,

la société philippine est très féodale. La masse est convaincue qu'elle a besoin d'un patron, d'un propriétaire, d'un politicien. Elle croit aussi qu'Imelda, à titre de première dame du pays, pouvait s'offrir tout ce qu'elle voulait. C'était en quelque sorte le privilège de sa classe sociale.»

Pour Dolly Borlongan, curatrice du musée, cette collection constitue «un trésor national qui fait partie de notre histoire» et pour les étudiants, designers et manufacturiers locaux, ces chaussures sont «des archives» du savoir-faire des fabricants étrangers. Bref, que le visiteur type n'ait pas grand-chose à cirer du diorama semble ici déranger davantage que l'extravagance éhontée d'une ex-reine de beauté. Mais alors, peut-être aurait-il mieux valu, pour vraiment rendre hommage aux artisans de Marikina, que les fameuses chaussures n'y soient jamais exposées…

www.marikina.gov.ph

Bellini à la mangue

◆ ◆ ◆

Fruit star du pays, la mangue est délicieusement à l'honneur dans ce cocktail, une création du Sofitel Philippine Plaza Manila.

30 ml (1 oz) de liqueur de mangue (telle Mangoyan)
15 ml (¹/₂ oz) de jus de mangue
60 ml (2 oz) de champagne
1 tranche de mangue
1 cerise au marasquin

- Dans une flûte, mélanger la liqueur et le jus, puis verser le champagne. Garnir avec les fruits.

Mocktail Manille

◆ ◆ ◆

Le calamondin, un agrume né du croisement de la mandarine et du kumquat, également appelé «citron des Philippines», donne à cette boisson une touche tropicalissime !

60 ml (2 oz) de tisane à la menthe poivrée
15 ml (¹/₂ oz) de jus de calamondin*
60 ml (2 oz) de jus d'ananas
30 ml (1 oz) de sucre de canne liquide
Zeste de citron

- Verser tous les liquides dans un shaker, sur quelques glaçons et agiter. Servir dans un petit tumbler garni du zeste de citron.

* *Le jus de calamondin (calamansi en tagalog) est vendu dans les épiceries exotiques. Il peut être remplacé par du jus de fruit de la passion ou tout autre jus acidulé.*

Bruschettas de *longganisas* et d'œufs de caille

◆ ◆ ◆

Le chef Marko Rankel, du Sofitel Philippine Plaza Manila, s'est inspiré du petit-déjeuner typiquement philippin pour créer ce hors-d'œuvre savoureux ! À déguster avec le mocktail Manille.

(Donne 8 bruschettas)

4 *longganisas**
60 ml (¹/₄ de tasse) d'eau
2 c. à soupe de beurre ramolli
1 gousse d'ail broyée
2 *pan de sal** ou 2 ficelles
8 œufs de caille
Poivre
Papaye verte marinée (*atchara* en tagalog, facultatif)
Oignon vert haché menu

- Piquer les saucisses avec la pointe d'un couteau, pocher dans l'eau jusqu'à ce qu'elles rendent leur gras, puis poêler jusqu'à ce qu'elles soient bien grillées.
- Mélanger beurre et ail. Griller le pain, le tartiner de beurre à l'ail et le couper en tranches d'une longueur égale à celle des saucisses.
- Couper les saucisses en 2 sur leur longueur. (Si elles sont fines, vous pourriez les utiliser entières, auquel cas il vous en faudrait 8.) En garnir le pain.
- Frire les œufs de caille, en déposer un sur chacune des bruschettas, poivrer et garnir de papaye verte marinée, si désiré. Parsemer les bruschettas d'oignon vert et servir chaud ou tiède.

* *La longganisa est une petite saucisse épicée qui peut être remplacée par une autre fine saucisse épicée de porc ou de bœuf, au choix. Le pan de sal est un petit pain brioché. Vous les trouverez dans les épiceries philippines.*

Crevettes à la citronnelle et vinaigrette au miel et au tamarin

• • •

Le chef Rankel propose un hors-d'œuvre haut en saveur et en parfum, qui accompagne à merveille le Bellini à la mangue.

(Donne 18 hors-d'œuvre)

MARINADE

1 tige de citronnelle

4 c. à thé (à café) d'huile d'olive

1/2 c. à soupe d'ail broyé

1/2 c. à soupe d'oignon vert émincé

2 c. à thé (à café) de jus de gingembre*

2 c. à thé (à café) de jus de calamondin**

1 c. à thé (à café) d'huile de sésame

Sel et poivre

18 crevettes de taille moyenne crues, déveinées et décortiquées

VINAIGRETTE

(Donne environ 80 ml ou 1/3 de tasse de vinaigrette)

2 c. à thé (à café) de gingembre haché

1 grosse gousse d'ail

3 c. à soupe d'huile d'olive

2 c. à thé (à café) d'huile de sésame

4 c. à thé (à café) de jus de tamarin

2 c. à thé (à café) de vinaigre de canne (ou blanc)

4 c. à thé (à café) de miel

Sel et poivre au goût

♦ Retirer la première feuille de la tige de citronnelle, puis presser la tige avec la lame d'un couteau avant de la couper en 4 ou 5 morceaux. Chauffer avec l'huile à feu doux de 8 à 10 minutes. Retirer la citronnelle.

♦ Dans un bol, mélanger cette huile parfumée avec le reste des ingrédients de la marinade, saler et poivrer, puis incorporer les crevettes. Laisser mariner au réfrigérateur pendant au moins 45 minutes.

♦ Au robot culinaire, hacher le gingembre et l'ail avec les autres ingrédients jusqu'à l'obtention d'une vinaigrette veloutée.

♦ Griller les crevettes pendant environ 3 minutes en les retournant, puis enfiler chacune sur des petites brochettes de bambou. Servir avec la vinaigrette.

♦ Note : vous pourriez aussi enfiler les crevettes sur des demi-tiges de citronnelle en taillant en pointe une de leurs extrémités. Bel effet garanti !

*   Pour obtenir ce jus, râpez du gingembre, puis pressez-le dans un tamis.

** Le jus de calamondin (calamansi en tagalog) est vendu dans les épiceries exotiques. Il peut être remplacé par du jus de fruit de la passion ou tout autre jus acidulé.

Hong-Kong
....
Chercher la Chine

Sous une voie surélevée de Wan Chai, à l'angle d'Hennessy Road et de Canal Road West, des dames sans âge se livrent à un rituel étrange. Postées à côté de mini-autels honorant la déesse de la miséricorde, elles proposent aux passants de les délivrer des *bad guys* qui les hantent pour la modique somme de 50 $HK (environ 7 $; 5 €). De l'encens sera brûlé, des incantations chuchotées et un bout de papier sur lequel on a écrit son nom martelé violemment à l'aide d'une vieille savate. «On dit que plus la chaussure est usée, plus ses pouvoirs magiques sont grands», murmure le guide Fredrick Cheng. Dix minutes plus tard, libérés de nos mauvais esprits, ça y est, on peut aller en paix!

Si la majorité des visiteurs s'extasient sur le caractère moderne de la «Grosse Pomme» de l'Asie, certains, pas moins extatiques au demeurant, y cherchent aussi la Chine traditionnelle. Celle qui met à mal nos *bad guys*. Celle des vieux temples taoïques et bouddhiques. Celle des marchés de bric-à-brac et de gouaille. Bref, celle d'hier, qui existe bel et bien, même si elle se fait moins voyante que celle qui tend vers demain.

Mouvement perpétuel

Car comme Tokyo, Hong-Kong n'en finit pas de se reconstruire. Comme Shanghai, le «port aux parfums» collectionne les tours qui donnent le tournis, tel l'International Commerce Centre (484 m, 118 étages), inauguré en 2010. Cela s'explique en partie par la cherté croissante des terrains, qui incite propriétaires et développeurs à démolir des immeubles pour en ériger d'autres qui seront plus rentables au pied carré. Avec pour résultat que les vieux édifices se font de plus en plus rares et les bâtiments abandonnés, en attente d'une nouvelle affectation ou d'un bulldozer, de plus en plus nombreux. Quant aux vestiges coloniaux, érigés sous la gouvernance britannique, tels la magnifique Flagstaff House, reconvertie en musée du thé, le Legislative Council Building et la Court of Final Appeal, ils ont l'air franchement lilliputiens, cernés de gratte-ciel et de ces barres d'habitation aux allures de vertigineux «pigeonniers».

Pour Gilles Bonnevialle, consul de la Culture au consulat général de la France à Hong-Kong, faire table rase du passé est un mouvement naturel pour toute région en développement rapide. «En mode d'évolution lente, dit-il, on a le temps de transmettre, de génération en génération, une appréciation des choses. Mais dans une société où tout va très vite, comme ici, le jeune est constamment propulsé dans la nouveauté et le monde de ses parents lui semble vite dépassé. La France aussi a vécu cette négation du patrimoine dans les années d'après-guerre. Ce n'est que depuis les années 1980, depuis Jack Lang, qu'elle s'y intéresse.»

Mémoire et mobilisation

Selon M. Cheng, les Hongkongais se soucient de plus en plus de leur patrimoine depuis environ une décennie. Il cite

une mobilisation citoyenne pour préserver la rue Wing Lee, l'un des derniers petits bouts de rue caractéristiques du Hong-Kong des années 1950-1960, située dans le quartier Sheung Wan de l'île. Un projet de redéveloppement prévoyait la démolition de ses *tong lau*, des habitations typiquement chinoises, mais la grogne des résidents et la visibilité que lui a donnée un film primé à Berlin en 2010 auront contribué à l'épargner. Cela dit, «il y a tout de même une forte opposition entre les tenants d'un Hong-Kong de plus en plus moderne et ceux qui, parce qu'ils sont nés ici, tiennent à préserver des lieux de mémoire», dit-il.

Dans Tsim Sha Tsui, à Kowloon, 1881 Heritage est un de ces lieux. Quartier général de la police navale de Hong-Kong entre 1881 et 1996, l'ensemble revit progressivement depuis 2009 grâce à de nouvelles vocations commerciales haut de gamme. Bellement restauré, l'édifice principal de style néoclassique abrite un hôtel-boutique, des bars et des restaurants. Une tour coiffée d'une boule qu'on faisait glisser sur un mât à 13 heures pile tous les jours entre 1885 et 1907, et grâce à laquelle les navires qui mouillaient dans le port synchronisaient leurs équipements, a été rénovée. Et sur la grande place, en contrebas de l'édifice historique, l'une des premières casernes de pompiers de Kowloon accueille désormais la boutique Shanghai Tang, la première griffe *made in China* à s'être fait un nom à l'étranger.

Lieux de tradition

Mais à côté de ces lieux rappelant le passé colonial de Hong-Kong, il y a aussi des lieux de tradition, où s'exprime la culture chinoise. Et hors Sheung Wan, son splendide temple Man Mo qu'enfument des dizaines de spirales d'encens et ses commerces d'offrandes aux défunts, de poissons séchés et de racines de ginseng, c'est sur le

Prenez note...

Savoirs séculaires

Vous vous intéressez à la médecine chinoise, au taï chi, au thé, au feng shui ou à l'opéra cantonais? Créé par le Conseil du tourisme de Hong-Kong, le programme *Meet the People* vous met en contact avec des experts de chacun de ces domaines le temps d'une rencontre d'une heure ou plus. Et c'est gratuit!
www.discoverhongkong.com/canada, sous les onglets «Things to do» et «Cultural Kaleidoscope»

◆ ◆ ◆

L'architecture des Qing

À San Tin, dans les Nouveaux Territoires, la maison Tai Fu Tai, demeure d'un mandarin construite autour de 1865, est assurément le plus beau vestige de la Chine d'hier en sol hongkongais.

◆ ◆ ◆

Antiquités et chinoiseries

Avis aux amateurs: C'est dans Hollywood Road, à Sheung Wan, que sont concentrés les antiquaires sérieux de Hong-Kong. Upper Lascar Row se spécialise pour sa part dans les antiquités chinoises «fraîchement sorties du four!» dit le guide Fredrick Cheng.

continent qu'elle se fait le plus sentir. Dans le quartier Yau Ma Tei de Kowloon, au temple dédié à Tin Hau, la déesse des marins, le guide rappelle que c'est sur son parvis qu'autrefois les gens du voisinage se rassemblaient pour socialiser, rejoints par des vendeurs de boissons et de nourritures diverses. La foule grossissant, les vendeurs ont déménagé leurs pénates dans Temple Street, non loin, créant l'un des marchés nocturnes les plus vivants de Hong-Kong, encore aujourd'hui davantage fréquenté par la population locale que par les touristes.

Dans le quartier Mong Kok, au nord de Yau Ma Tei, la rue Shanghai, une des plus vieilles rues de la «péninsule des neuf dragons», réserve aussi des surprises aux promeneurs. «On y trouve encore des habitations traditionnelles, avec des échoppes au rez-de-chaussée et des appartements privés aux étages supérieurs», dit M. Cheng. Et dans ces *tong lau*, on peut acheter des robes de mariée comme des statues du Bouddha et du canard rôti !

Au marché aux oiseaux de la rue Yuan Po, on croise des Hongkongais qui font prendre l'air à leurs canaris en cage

ou qui viennent s'approvisionner en criquets vivants pour les nourrir. C'est un lieu vraiment charmant. Le marché aux fleurs, qui se tient dans les rues voisines, l'est tout autant avec ses étals foisonnant d'orchidées, de lys et autres anthuriums. « À l'occasion du Nouvel An chinois, c'est à qui se procurerait le plus gros bouquet, symbole de prospérité », dit M. Cheng. La rue Tung Choi, elle, est dévolue aux marchands de poissons rouges, symboles de chance, et de carpes se vendant à prix d'or. Signifiant « cresson », *tung choi* fait référence au passé rural des parages, difficile à imaginer alors que la densité de Kowloon est aujourd'hui de 43 000 personnes au kilomètre carré !

Dans New Kowloon, le temple Sik Sik Yuen Wong Tai Sin, construit au début des années 1920, est un autre lieu vivant, rempli d'atmosphère et des cliquetis des bâtonnets de divination. Ce fond sonore évoque lui aussi cette Chine traditionnelle, qui contribue à faire de Hong-Kong une destination tellement fascinante.

Mandarin Sour

◆ ◆ ◆

Qu'est-ce que ce cocktail a de chinois ? Une sophistication toute hongkongaise puisqu'il a été créé (comme le Hong Kong Night) au chic hôtel The Langham !

45 ml (1 ¹/₂ oz) de vodka parfumée à la mandarine
30 ml (1 oz) de jus de citron
15 ml (¹/₂ oz) de jus de lime
20 ml (³/₄ d'oz) de sucre de canne liquide
Zeste de citron

◆ Verser tous les liquides dans un shaker, sur quelques glaçons, agiter et verser dans un petit tumbler. Garnir d'une longue spirale de zeste de citron.

Hong Kong Night

◆ ◆ ◆

45 ml (1 ¹/₂ oz) de vodka parfumée au citron
30 ml (1 oz) de liqueur de litchi (telle Soho)
60 ml (2 oz) de jus de canneberge
1 litchi frais

◆ Verser tous les liquides dans un shaker, sur quelques glaçons, agiter, servir dans un petit tumbler. Enfiler le litchi sur un pique-olive et le déposer dans le verre.

Quenelles (dumplings) de porc, crevettes et pétoncles

◆ ◆ ◆

À en juger par ce plat divin, le restaurant T'ang Court, du Langham, mérite bien ses deux étoiles Michelin !

(Donne 30 quenelles)

FARCE
180 g (6 oz) de porc haché maigre
180 g (6 oz) de crevettes crues, déveinées, décortiquées et coupées en petits dés
60 g (2 oz) de shiitakes (champignons chinois) coupés en petits dés
30 mini-pétoncles de baie

ASSAISONNEMENT
1 ¹/₂ c. à thé (à café) de sel
1 ¹/₂ c. à thé (à café) de sucre
2 c. à soupe d'huile de sésame

PÂTE*
30 carrés de pâte à wontons du commerce

SAUCE
Sauce soja additionnée de gingembre râpé, au goût, ou Sauce à l'arachide (voir recette page 65)

◆ Mélanger le porc, les crevettes et les champignons. Mélanger les ingrédients de l'assaisonnement et incorporer celui-ci à la préparation.
◆ Déposer 1 c. à thé (à café) comble de farce au centre d'un carré de pâte, puis un pétoncle. Ramener la pâte sur la farce et la pincer fortement tout autour sans fermer le dessus. Répéter ces opérations avec le reste des ingrédients.
◆ Déposer les quenelles dans un panier vapeur (en huiler le fond) ou un panier de bambou (en tapisser le fond de papier parchemin), couvrir et cuire à la vapeur pendant environ 6 minutes.
◆ Transférer dans une assiette de service et offrir accompagné de baguettes et de la sauce de son choix (en prévoir un petit bol par convive).

* *Au T'ang Court, le chef prépare bien sûr sa propre pâte avec de la farine et de l'eau, mais je trouve la pâte à wontons franchement plus pratique.*

Crevettes à la sauce XO

◆ ◆ ◆

(Donne 8 hors-d'œuvre)

8 grosses crevettes crues, déveinées et décortiquées
2 c. à soupe de sauce XO*

◆ Mélanger les crevettes et la sauce, puis frire de 2 à 3 minutes.
Enfiler chacune des crevettes sur un pique-olive et servir.

* *La sauce XO, un condiment à base de fruits de mer séchés et de piment fort,
a longtemps été considérée comme un produit de luxe à Hong-Kong, où
elle a été élaborée. Nul doute que son nom, normalement réservé au cognac
XO, a contribué à sa renommée ! Vous la trouverez dans les épiceries chinoises.*

Légumes en robe de soja

◆ ◆ ◆

*C'est dans la cuisine de l'hôtel Hyatt Regency, où il officie,
que le chef **Lo Kwai Kai** m'a proposé de réinventer
le rouleau de printemps chinois. Surprenant !*

(Donne 12 hors-d'œuvre)

1 asperge
Huile à friture
60 g (2 oz) de carotte râpée
100 g (3 ½ oz) de *jícama** coupé en fins bâtonnets
60 g (2 oz) de champignons (tels enokis ou cèpes) émincés
Sel et poivre au goût
½ c. à thé (à café) de sucre
20 ml (¾ d'oz) d'eau
1 c. à thé (à café) de sauce d'huître
1 trait de sauce soja
Fécule de pomme de terre (ou de maïs)
½ feuille de soja**
1 jaune d'œuf

◆ Couper l'asperge en deux dans le sens de la longueur. Dans un très
grand wok, chauffer un peu d'huile et faire sauter les légumes. Saler
et poivrer.

◆ Dans un bol, mélanger sucre, eau et sauces d'huître et soja, puis
verser dans le wok. Poursuivre la cuisson des légumes jusqu'à ce
qu'ils soient tendres et, au besoin, ajouter de la fécule pour épaissir
la sauce. Retirer du wok et égoutter.

◆ Couper la demi-feuille de soja en 2 et superposer ces 2 quarts***.
Déposer la préparation au bas de la pointe, sur sa partie la plus
large. Poser dessus les 2 moitiés d'asperge, rabattre les côtés des
feuilles vers le centre, puis rouler fermement. Sceller le rouleau
avec un peu de jaune d'œuf.

◆ Chauffer de l'huile dans le wok et frire le rouleau jusqu'à ce qu'il soit
doré. Laisser tiédir sur du papier absorbant, puis trancher en
12 rondelles avec un couteau bien affûté.

* *Vendu dans les épiceries asiatiques, le jícama (ou igname patate) est un légume
qui ressemble au navet. Il est consommé au Mexique comme en Asie, où il est
utilisé pour ajouter une texture croquante à divers plats. Il peut être remplacé
par des châtaignes d'eau.*

** *Ronde et très grande, la feuille de soja ou de caillette de haricots (bean curd
sheet en anglais) est la mince pellicule qui se forme sur le lait de soja lorsqu'il
est chauffé. Vous la trouverez au rayon des produits surgelés des épiceries
asiatiques.*

****Le rouleau est long d'environ 25 cm (10 po). Dans l'éventualité où votre wok
ne serait pas suffisamment grand pour le contenir, coupez ces quarts de feuille
en deux et faites deux rouleaux plutôt qu'un.*

Chine

Au sud des nuages

Le mont du Dragon de jade. La gorge du Saut du tigre. Le fleuve aux Sables d'or. «Au sud des nuages» ou, si vous préférez, au Yunnan, paysage rime avec poésie.

Nous sommes au sud-ouest de la Chine, dans cette province qui borde le Myanmar, le Laos et le Viêtnam. Sur une terre animée de mille et deux légendes, et celle-là même qu'a foulée Kublai Khan. Une terre de fleuves fougueux, de sommets enneigés, de steppes et de vallées, investie des traditions de deux douzaines de minorités culturelles. Un monde rare adossé à l'Himalaya.

Comme si cela ne suffisait pas à lui assurer un argument touristique de taille, voilà qu'en 1997, le gouvernement du Yunnan annonçait la «découverte» de Shangri-La en ses parages. Né sous la plume de James Hilton et décrit dans son roman *Lost Horizon*, publié en 1933, Shangri-La est un royaume de paix et de jeunesse éternelle, tapi quelque part au Tibet. Depuis lors, pour les anglophones, il évoque le paradis perdu, le pays rêvé.

Le sino-Shangri-La, lui, figure désormais sur la carte : il englobe une partie du Yunnan, du Sichuan et du Tibet. Même que la ville de Zhongdian fut rebaptisée Shangri-La en 2001. Résultat de l'opération ? Un boom touristique phénoménal.

«On vient ici pour les paysages spectaculaires et la culture tibétaine», dit Oliver Linwu Huang, de la Yunnan Provincial Tourism Administration, rencontré à Kunming, la capitale de la province. Avouons qu'il faut tout de même du culot pour capitaliser sur un mythe en créant de toutes pièces une région où l'on invite les touristes à découvrir une culture qu'on réprime par ailleurs violemment depuis 1959... Mais comme ce monsieur n'y est pour rien, revenons à nos yacks.

La route du thé

Selon un vieux proverbe évidemment chinois, «qui n'a pas vu Lijiang n'a rien vu du Yunnan». Et pour cause : la vieille

ville de Lijiang, aussi appelée Dayan, est inscrite à l'inventaire du patrimoine mondial de l'UNESCO en raison de la qualité et de l'authenticité de son architecture, qui a pour toile de fond les neiges éternelles du mont du Dragon de jade, haut de 5596 mètres.

Entreprise sous la dynastie Song (1127-1279), la construction de Lijiang s'est poursuivie sous le règne de la dynastie Yuan, qui lui a succédé. C'est d'ailleurs son fondateur, l'empereur mongol Kublai Khan, qui lui a donné son nom. À l'époque des Ming (1368-1644), elle devient un carrefour commercial stratégique par son emplacement, à la jonction de la route méridionale de la soie et de celle des caravanes de thé en provenance de la zone théière de Pu-erh, au Yunnan. Ce tronçon s'appelait Chama, *cha* pour «thé» et *ma* pour «chevaux», dont on faisait aussi le

commerce. «Pour les Tibétains, dont l'alimentation tourne autour du lait de yack, le thé était et demeure précieux, raconte la guide You Yan, car il contribue à en faire passer le gras.»

La vieille ville, un enchevêtrement de ruelles empierrées, est tricotée serré sur près de quatre kilomètres carrés. Elle s'est développée le long de canaux qu'alimente le bassin du Dragon noir et qu'enjambent des ponts de pierre. Parallèlement à ces canaux s'alignent saules pleureurs, maisons de bois et échoppes d'artisans, aux beaux toits qui retroussent. En gagnant les hauteurs de la ville, on peut admirer cette formidable canopée de tuiles.

Au cœur du vieux Lijiang, la zone commerçante rayonne autour de l'ancienne place du marché, là où on troquait jadis chevaux, thé et autres denrées. Aujourd'hui, des

troupes de danses folkoriques y divertissent les passants tandis que des cavaliers, habillés façon mongole, promènent des enfants sur leurs petits chevaux, de même espèce que ceux qui autrefois convoyaient les précieuses cargaisons. Mais que de boutiques, que de monde… Le soir, par contre, illuminée d'une myriade de lanternes rouges qui se reflètent dans les canaux, cette partie de la vieille ville devient carrément féerique.

Et dire qu'avant la désignation de l'UNESCO, en 1997, il n'y avait aucun touriste ici, se rappelle You Yan : « On ne trouvait que quelques restaurants et un seul hôtel deux étoiles. »

Prenez note…

« Impression Lijiang »

C'est un spectacle en plein air et à grand déploiement mis en scène, entre autres, par le cinéaste Zhang Yimou. Sur une scène gigantesque et multi-étagée, des centaines de villageois présentent une épopée musicale avec force costumes et chevaux. « Ces gens sont très pauvres, ils s'en tirent beaucoup moins bien que les citadins, dit la guide You Yan. Ils vivent dans les montagnes, dans des abris sans eau ni électricité. C'est pour leur procurer un gagne-pain que Zhang Yimou a créé ce projet. » Et ici, on tient tellement à ce qu'on voie le spectacle que s'il pleut, on nous prête un imper à capuchon, et s'il fait un soleil de plomb, un chapeau !

sœurs. « C'est une tradition qui remonte à la nuit des temps, dit la guide, et qui perdure, même si à l'époque des Gardes rouges, on forçait les Mosuo à se marier officiellement. »

Révélés au monde par l'explorateur américain d'origine autrichienne Joseph Rock au début des années 1920 — « le premier avion à atterrir ici fut le sien », note You Yan —, les Naxi constituent l'ethnie majoritaire avec une population de 20 000 habitants. On reconnaît aisément ses femmes à leur costume : une veste sans manches ornée, au dos, de sept médaillons brodés et portée sur une longue tunique et un pantalon. Mais le plus fascinant chez les Naxi est leur écriture pictographique, élaborée il y a plus de 1000 ans par les *dongba*, leurs sages, et sans doute la seule écriture de ce genre encore en usage dans le monde ! Traitant de science, de religion comme de philosophie, les textes naxi anciens ont été inscrits en 2003 au Registre de la Mémoire du monde de l'UNESCO.

La musique est une autre forme d'expression bien ancrée dans la culture naxi. « Selon la légende, quand Kublai Khan quitta Lijiang, il demanda aux Naxi d'aider

« Mariage spontané », vous dites ?

À Lijiang comme dans le comté éponyme vivent une vingtaine de groupes ethniques, dont les Naxi (on dit « nachi »), les Bai, les Mosuo, les Yi, et chacun a ses coutumes propres, toujours bien vivantes. Dans la société matriarcale des Mosuo, par exemple, on pratique encore le « mariage spontané » en vertu duquel un homme et une femme se lient de façon informelle, sans vivre ensemble, ni dépendre l'un de l'autre. Si les enfants qui naissent de cette union sont la responsabilité exclusive de la femme, l'homme, en revanche, a celle de la progéniture de ses

ses hommes à traverser le fleuve Yangzi, explique You Yan. Pour les remercier, il leur donna en cadeau des partitions de musique, et quelques-unes de ces pièces font encore partie du répertoire. »

Tous les soirs, dans la vieille ville, au Naxie Guyue Hui, on peut assister à un concert donné par une vingtaine de musiciens d'un âge plus que vénérable et dont le répertoire constitue, dit-on, un « fossile vivant de l'ancienne musique chinoise ». Fait intéressant qui ajoute à l'émotion du spectacle : si les instruments rares dont jouent les musiciens ont survécu à la Révolution culturelle, c'est parce que ces derniers ont réussi à les cacher, certains allant jusqu'à les enterrer dans leur jardin.

Poésie de ses paysages, beauté de ses peuples, richesse de ses manifestations culturelles… En vérité, le Yunnan n'avait nullement besoin de *Lost Horizon* pour vendre sa salade puisque la réalité dépasse la fiction !

Prenez note…

De la « peau de grenouille » dans votre assiette !

Au restaurant du Jade Water Village, non loin de Lijiang, on sert de la viande de yack, divers plats de champignons et… de la « peau de grenouille » (*qing wa pi* en pinyin). Il s'agit de copeaux bouillis de l'écorce d'un conifère, dont les nœuds verdâtres rappellent en effet la peau du batracien. Tout aussi déroutant que délicieux.

Coup de cœur pour ces bouchées !

Le saviez-vous ? L'assortiment de bouchées appelé *dim sum* signifie « qui touche le cœur » en cantonais, et les voyageurs s'en régalaient déjà dans les salons de thé qui jalonnaient la route de la soie. Aujourd'hui, en Chine continentale comme à Hong-Kong, des restaurants proposent quotidiennement des dims sums comprenant plus d'une centaine de bouchées différentes !

Taï chi

♦ ♦ ♦

Comme il est savoureux, ce cocktail ! Élégant, en plus,
à l'image du légendaire hôtel Fairmont Peace, à Shanghai,
et de son célèbre Jazz Bar, d'où en provient la recette.

Jus de lime ou de citron
1 c. à thé (à café) de graines de sésame blanc
1 c. à thé (à café) de graines de sésame noir
30 ml (1 oz) de whisky Johnnie Walker
75 ml (2 ½ oz) de thé vert chinois
15 ml (½ oz) de miel

♦ Humecter à demi le bord d'un verre à martini de jus et rouler
cette partie dans une petite assiette contenant les graines de sésame
mélangées. Verser le reste des ingrédients dans un shaker, sur
quelques glaçons, et agiter. À l'aide d'une passoire à glaçons,
filtrer au-dessus du verre.

Crevettes à la Tsingtao

♦ ♦ ♦

C'est à Qingdao, et grâce à des Allemands, qu'est née
la plus célèbre des bières chinoises, la Tsingtao.
La ville est située à l'est du pays, dans la province de Shandong,
qui comprend aussi Penglai, un district surnommé
le «Bordelais chinois». En attendant qu'il produise
de grands crus, trinquons et cuisinons avec cette lager !
(Donne 30 bouchées)

250 ml (1 tasse) de bière Tsingtao
125 ml (½ tasse) de sauce soja
1 c. à soupe de sucre
1 c. à soupe de gingembre haché
2 ou 3 gousses d'ail hachées finement
30 grosses crevettes crues, déveinées et décortiquées

♦ Dans une casserole, cuire les 5 premiers ingrédients à feu moyen.
Ajouter les crevettes et porter à ébullition en remuant. Une fois
les crevettes cuites, retirer du feu, couvrir et laisser mariner deux
minutes. Verser dans un bol et servir avec des pique-olives.

Concombre aux crevettes séchées
et à la pâte de piment

♦ ♦ ♦

Ce hors-d'œuvre se prépare en un tournemain
et régalera vos invités !
(Donne 6 portions)

4 c. à soupe de crevettes séchées*
Eau chaude
2 concombres
1 c. à soupe de sauce soja
2 c. à soupe d'huile de sésame
1 c. à soupe de pâte de piment
2 pincées de sucre

♦ Mettre les crevettes à tremper dans de l'eau chaude.
♦ Éplucher les concombres en faisant alterner bande pelée
et non pelée. Couper chacun en 4 sur sa longueur, puis trancher
en petits tronçons.
♦ Mélanger la sauce, l'huile, la pâte et le sucre. Assécher les crevettes,
les hacher et les ajouter à cette sauce. Incorporer les morceaux
de concombre, répartir dans 6 coupelles et servir.

* *Vous trouverez les crevettes séchées dans les épiceries asiatiques, où elles sont*
normalement vendues en sachet au comptoir des produits surgelés.

Note : réduisez la quantité de pâte de piment si votre tolérance à ce condiment
piquant est peu élevée.

Viêtnam

Des cuisiniers, des empereurs, des tombeaux et deux restos

C'est à Hué, l'ancienne capitale impériale située au centre du S que forme le Viêtnam, qu'est née la cuisine la plus raffinée du pays. Petite histoire d'un ordinaire extraordinaire.

De la même façon que le tourisme et l'UNESCO ont sauvé de l'oubli la Cité impériale de Hué, Madame Tôn Nu Hà contribue, en sa qualité de chef et de professeure d'art culinaire à l'Université de Hô Chi Minh-Ville, à préserver le patrimoine gastronomique local. Oh, elle n'en dira rien, celle qu'on appelle tout bonnement Madame Hà. Pour la simple et bonne raison que la descendante de l'empereur Thanh Thai ne parle pratiquement pas l'anglais et encore moins le français. Mais les plats qu'elle mitonne à Tinh Gia Viên, «le jardin du Pavillon de la tranquillité», à partir des recettes de son aïeul, sont, eux, des plus éloquents !

Et voilà qu'entre un plat de papaye verte modelée en forme de dragon et un poisson emmailloté dans un filet de carotte, on se prend à imaginer le faste qui caractérisa le règne de la dynastie des Nguyên. Au fait, l'empereur

Tu Duc n'exigeait-il pas que son thé matinal soit préparé avec la rosée recueillie sur les fleurs de lotus du lac de la Cité impériale ?

Splendeur et décadence

Capitale du pays de 1802 à 1945, Hué a hérité de ses 13 empereurs d'un raffinement qui déborde largement des assiettes. Qu'on songe au trésor de la ville : la citadelle. Édifiée au début du XIXe siècle selon les principes stricts de la géomancie, elle est entourée de douves sur un périmètre de dix kilomètres et, telle une poupée gigogne, elle renferme la Cité impériale, qui enchâsse la Cité pourpre interdite. Détruit en partie lors de l'offensive du Têt, en 1968, lors de la «guerre américaine», l'ensemble a fait l'objet de travaux de reconstruction majeurs et demeure impressionnant.

Après la création de la République socialiste du Viêtnam, en 1976, ces vestiges d'une ère «décadente», devenus politiquement incorrects, ont été abandonnés. La citadelle n'a été ressuscitée qu'au début des années 1990, lorsque les autorités locales ont entrevu le potentiel touristique du site, que l'UNESCO a inscrit à son inventaire du patrimoine mondial de l'humanité.

Cet ensemble monumental donne à voir d'incroyables palais, temples et pavillons de bois magnifiquement ouvré et laqué. Un groupe de neuf bâtiments appelé Thê Miêu et consacré au culte des empereurs comprend notamment

Demeures de l'au-delà

À Hué, l'excursion en sampan qui mène à la Pagode de la Dame céleste, sanctuaire phare de la ville, au temple Hon Chen et, surtout, aux tombeaux des empereurs Tu Duc, Khai Dinh et Minh Mang, est un pur ravissement. Pénétrés de la croyance bouddhiste selon laquelle la vie est un transit et la mort un retour à l'origine, les empereurs se sont fait ériger, au cœur de vastes jardins, des demeures de l'au-delà grandioses, solennelles et, dans le cas de Khai Dinh, d'un kitsch consommé.

la Cuisine divine. C'est là qu'on préparait les offrandes aux empereurs lors des rites funéraires qui leur étaient dédiés. On agençait alors les aliments de façon à ce qu'ils représentent un dragon, symbole de la puissance impériale, et un phénix, symbole de la réincarnation.

On ne « riz » plus

C'est l'art de la table qui illustre le mieux la magnificence de la cour des Nguyên. Un art sur lequel veillait d'ailleurs un ministère des Rites, tandis que les ministères de l'Intérieur et de la Guerre, eux, étaient chargés d'inviter les mandarins civils et militaires aux banquets, qui devaient inclure au moins dix mets.

Bien sûr, chaque empereur avait ses petits caprices. Selon la légende, Khai Dinh, par exemple, n'utilisait ses baguettes qu'une seule fois. Celles-ci devaient, de plus, être taillées dans un bois spécial, qui possédait soi-disant la vertu de détecter la présence de poison dans les aliments. Dông Khanh, lui, exigeait que chacun de ses trois repas quotidiens soit composé de 50 plats préparés par 50 cuisiniers différents. Et ces derniers avaient tout intérêt à lui présenter du riz très blanc, ayant été sélectionné grain par grain, car sinon, c'était la bastonnade de 100 coups assurée !

Comme la région de Hué ne produit pas une grande diversité de denrées, les chefs devaient faire preuve de créativité dans l'élaboration de leurs mets. Ils soignaient particulièrement la présentation pour donner une touche de sophistication à leurs plats. Leurs tout petits plats, devrait-on ajouter.

SANTÉ, *CHÚC SÚC KHỎE* !

Voilà ce qu'on dit au pays de l'oncle Hô en levant une chope de bière Hué ou… un verre de «vin» de serpent. Ce tord-boyaux est concocté en faisant macérer des vipères et des cobras entiers dans de l'alcool. Comme les grandes jarres de verre dans lesquelles sont enroulés les reptiles trônent bien en évidence dans la plupart des restaurants du sud du pays, un conseil si vous voulez conserver votre appétit : choisissez une table d'où vous ne les verrez pas !

◆ ◆ ◆

RIZ VOLANT

Sans doute connaissez-vous le riz collant. Mais le riz… volant ? Moi aussi j'ignorais tout de son existence jusqu'à ce que je m'aventure chez Com Niêu Sài Gòn. Dans ce resto familial de Hô Chi Minh-Ville, on cuit le riz dans des pots de céramique. Lorsqu'il est prêt, les serveurs cassent les récipients d'un coup de marteau, en extirpent les galettes de riz et les lancent directement sur les assiettes des clients, par-dessus les tables ! C'est une vieille tradition, paraît-il, et un spectacle absolument hilarant. Com Niêu Sài Gòn, 6C, rue Tu Xuong.

Une cuisine née de la nécessité

«Par endroits, le centre du pays ne fait que 50 kilomètres de largeur. Il y a peu de terre à cultiver, c'est de la rocaille, et en plus, c'est au sud que la mer est la plus poissonneuse. C'est ce qui explique que la cuisine du centre soit constituée de plusieurs plats, mais en portions minimalistes. Et puis, qu'est-ce que c'est piquant!» lance Nguyên Hông Hà, chef-propriétaire du restaurant montréalais Souvenirs d'Indochine.

Car une autre caractéristique de la cuisine de Hué est l'omniprésence d'un piment rouge très fort, de la taille du petit doigt, «qu'on appelle chez nous le "piment-oiseau" ou le "piment qui pointe vers le ciel"», précise le chef. Mais pourquoi consomme-t-on autant de ce piment infernal? «Parce que si ce n'est pas piquant, vous allez manger beaucoup alors que le centre n'a rien! Bien sûr, ses habitants vous diront plutôt que c'est parce qu'ils sont de sang impérial qu'ils mangent peu, mais nous, on sait bien que c'est parce qu'ils sont pauvres, et c'est un sujet de taquinerie.»

Pas étonnant, donc, qu'entre un ananas hérissé de nems (rouleaux impériaux typiquement vietnamiens), et ainsi joliment déguisé en phénix, et des crevettes accompagnées de riz, modelé en forme de tortue, on se prenne à louanger tant ces forçats de la cuisine, qui ont réussi à créer un ordinaire extraordinaire, né de la nécessité, que Madame Hà, qui perpétue la tradition culinaire de ses ancêtres.

Un hôtel particulier

À Hô Chi Minh-Ville, le légendaire hôtel Continental en a vu de toutes les couleurs depuis son inauguration, en 1880. Flash-back au temps béni (pour qui?) de la colonie. À l'époque où la ville était encore une Saigon peuplée de Miss sulfureuses. Et où la rue Catinat, dans laquelle se répandait alors la terrasse du palace, grouillait de militaires et d'espions pendant les guerres française et américaine. Situé dans le feu de l'action, il a accueilli les bureaux du *Times* et de *Newsweek*… comme les *boys* et leurs Suzy. Il a aussi hébergé un jeune aventurier, André Malraux, et Graham Greene qui, dans la suite 214 et dans une quiétude toute relative, a écrit *Un Américain bien tranquille*. Un rare lieu de mémoire.
www.continentalhotel.com.vn

Longanetini

◆ ◆ ◆

*Fruit dont la chair et la saveur rappellent celles du litchi chinois,
du ramboutan malais et même de la quenette antillaise,
le longane, que j'ai grignoté pour la première fois au Viêtnam,
m'y ramène illico dès que je m'en mets un sous la dent.
Je suis donc reconnaissante au chef barman Tuyen,
du Sofitel Legend Metropole à Hanoi, de me donner
une autre façon de le savourer*!*

60 ml (2 oz) de vodka
20 ml (²/₃ d'oz) de jus de lime
10 ml (¹/₃ d'oz) de sucre de canne liquide
2 longanes**

◆ Verser les liquides dans un shaker, sur quelques glaçons, et agiter.
À l'aide d'une passoire à glaçons, filtrer au-dessus d'un verre
à martini refroidi. Enfiler les longanes sur un pique-olive et
le déposer dans le verre.

* *En fait, la recette du barman comprend aussi 60 ml (2 oz) de jus de longane.
Si jamais vous en trouvez, n'hésitez pas à concocter le cocktail original!*

** *Les épiceries chinoises ou asiatiques vendent des longanes frais (l'été
et l'automne). Vous en trouverez également en conserve dans plusieurs
supermarchés.*

Poulet grillé aux feuilles de combava

◆ ◆ ◆

*Les feuilles de cet agrume asiatique parfument
délicieusement ce plat de poulet, servi au Sofitel.*
(Donne de 15 à 20 hors-d'œuvre)

300 g (10 oz) de hauts de cuisses de poulet (sans peau
et désossés)

MARINADE
4 c. à soupe d'huile d'olive
3 c. à soupe de nuoc-mâm*
2 c. à thé (à café) de curcuma
1 grosse échalote hachée menu
Feuilles de combava* fraîches, finement ciselées**
(une trentaine)
Sel et poivre au goût

GARNITURE
Feuilles de combava entières***

◆ Couper la viande en 15 à 20 lanières.
◆ Mélanger tous les ingrédients de la marinade et verser celle-ci
sur le poulet. Couvrir et réserver au réfrigérateur pendant 2 heures.
◆ Cuire la viande sous le gril du four pendant environ 8 minutes.
◆ Enfiler chacune des lanières sur une petite brochette en bambou.
Déposer sur une assiette de service et offrir sans tarder.

* *Vous trouverez le nuoc-mâm (sauce de poisson vietnamienne) et les feuilles
de combava (kaffir lime leaves en anglais) dans les épiceries asiatiques,
ces dernières au rayon des fruits et légumes.*

** *Pour accélérer cette opération, superposez plusieurs feuilles et coupez-les
de part et d'autre de leur nervure centrale avec des ciseaux.*

****Nul doute que vos convives seront curieux de voir des feuilles de combava
entières. Deux suggestions: garnissez-en l'assiette de service ou faites-en
macérer avec le poulet pour les assouplir, puis embrochez-les, enroulées
autour de quelques lanières de viande cuites. Ça complique la dégustation,
mais l'effet est bien joli!*

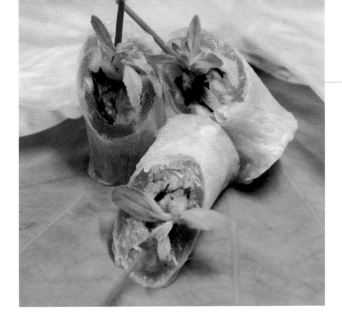

Rouleaux de printemps au saumon fumé

◆ ◆ ◆

*Sans doute avez-vous déjà goûté aux rouleaux de printemps
vietnamiens traditionnels, garnis de vermicelles de riz, de laitue,
de menthe et de crevettes. Ici, la chef **Nguyên Thi Kim Hai**,
du Sofitel Legend Metropole, en propose une version vraiment
originale, accompagnée d'une sauce tout aussi exquise !*

(Donne 8 hors-d'œuvre)

GARNITURE
80 g (1/2 tasse) de papaye verte râpée
40 g (1/4 de tasse) de carotte râpée
50 g (1/2 tasse) de germes de haricots
1/4 d'oignon finement tranché
1 c. à soupe de jus de citron
Sel et poivre au goût

4 galettes de riz de 22 cm (9 po)
Eau tiède
200 g (7 oz) de saumon fumé en fines tranches

- ◆ Mélanger les ingrédients de la garniture.
- ◆ Ramollir une galette dans de l'eau tiède. La poser sur un linge
  propre. La tapisser de tranches de saumon fumé. Mettre le quart
  de la garniture sur le quart inférieur de la galette. Rabattre dessus
  les côtés, puis la partie du bas. Rouler fermement. Répéter ces
  opérations avec le reste des ingrédients. Trancher de biais chaque
  rouleau en 2 parts égales, dresser sur une assiette de service et
  offrir avec la Sauce au nuoc-mâm et aux fines herbes (voir recette).

Sauce au nuoc-mâm et aux fines herbes

◆ ◆ ◆

Voilà qui me rappelle le chimichurri *argentin !*
(Donne environ 250 ml/1 tasse de sauce)

20 g (2 grosses poignées) de coriandre
20 g (2 grosses poignées) de basilic ou de persil
1 ou 2 piments oiseaux rouges
2 c. à thé (à café) de gingembre coupé grossièrement
120 ml (1/2 tasse) de nuoc-mâm*
120 ml (1/2 tasse) d'eau

- ◆ Au robot culinaire, hacher finement la coriandre, le basilic ou le
  persil, le ou les piments et le gingembre avec le nuoc-mâm et l'eau,
  puis répartir cette sauce dans des petits bols (un par convive).

* *Vous trouverez le nuoc-mâm (sauce de poisson vietnamienne) dans toutes
les épiceries asiatiques.*

Singapour

Parcours peranakan

Île ancrée tout au bout de la péninsule de la Malaisie, Singapour est souvent décrite comme un creuset des cultures chinoise, malaisienne et indienne. Sans oublier celle des Peranakans, descendants des premiers immigrants chinois qui se sont établis dans les colonies britanniques jalonnant le détroit de Malacca.

Mais si Singapour a son quartier chinois, sa rue arabe, sa Little India, ses *hawkers* ou «popoteux» ambulants malais, ses Peranakans, eux, sont surtout… au musée, et plus précisément dans une succursale de l'Asian Civilisations Museum. En dédiant une exposition permanente à ce groupe ethnique qu'on décrivait autrefois comme «chinois d'esprit, malais de fait», l'institution propose une mise en contexte extraordinaire à quiconque souhaite partir ensuite à la recherche, sur le terrain, du patrimoine peranakan !

Peranakan est un mot malais qui signifie «né ici». Au XVIᵉ siècle, il désignait les enfants issus du mariage d'une Malaisienne à un colon chinois de la première vague d'immigration à Singapour ainsi qu'en Malaisie péninsulaire, soit à Melaka et à Penang. Il servait également à distinguer les *babas* et les *nonyas* (respectivement les descendants de sexe masculin et de sexe féminin) des autres immigrants chinois qui ne s'intégraient pas à la société.

Baba cool

À travers des portraits de dignes marchands dans leurs somptueux costumes, des photos sépia de fières grands-mères ou d'enfants aux allures de «petits empereurs», des meubles de laque rouge et d'autres incrustés de nacre, des *kebayas*, ces tuniques de batik bellement brodées, des escarpins emperlés, d'exquises boîtes à bétel, dont le raffinement témoignait du prestige de leurs propriétaires, on se familiarise avec un univers exotique, riche de traditions et de coutumes hybrides, à la fois chinoises et locales, comme ces cérémonies de mariage de 12 jours !

Au fil des vitrines, on apprend aussi que la culture peranakan périclita lentement mais sûrement. À la fin du XIXᵉ siècle, ces Chinois avaient oublié leur langue maternelle et ne parlaient plus qu'un dialecte malais. Puis vinrent la Deuxième Guerre mondiale et, 20 ans plus tard, la fin de l'ère coloniale, deux événements qui apportèrent leur lot de bouleversements politiques, économiques et

motifs chinois et néo-classiques européens en un style architectural qu'on a baptisé chinois baroque. Plus longues que hautes, leurs façades colorées souvent couvertes de céramiques, leurs fenêtres habillées de volets de bois sculpté, ces demeures possèdent toutes une belle terrasse fleurie. Bref, l'ancienne plantation est aujourd'hui une oasis insoupçonnée, à un jet de pierre d'une des rues les plus achalandées de la ville-État de 5 millions d'habitants !

La cuisine *nonya*

Dans le district de Katong, Joo Chiat Road est également bordé d'autres magnifiques immeubles de style chinois baroque, ornés de dragons, de crabes et d'oiseaux de stuc peint aux couleurs de l'arc-en-ciel. Plusieurs d'entre eux abritent des restaurants offrant une cuisine purement peranakan, baptisée *nonya*. Dans East Coast Road, au numéro 111, chez Rumah Kim Choo, on peut même assister à des démonstrations de confection de quenelles (dumplings) à la mode locale.

Parmi les délices de cette cuisine, il faut entre autres goûter au *laksa* (une soupe aux nouilles bien pimentée à base de lait de coco), à l'*otak-otak* (une mousse de poisson cuite dans des feuilles de bananier), à l'*udang gulai* (un cari de crevettes bien relevé) et à l'*ayam buah keluak* (un cari de poulet aux noix *keluak*). Pourquoi ? Parce que ces plats sont délicieux, mais aussi parce que manger à la peranakan, c'est encore la meilleure façon de contribuer à la survie de cette culture…

sociaux auxquels les Peranakans n'ont pu ou su s'adapter. Enfin, à partir des années 1940, les mariages de Peranakans à des non-Peranakans étaient désormais monnaie courante. Fini, les «pure soie»…

Après cette instructive entrée en matière muséale, cap sur Emerald Hill Road, pour admirer quelques habitations peranakans. On emprunte cette rue à partir de Peranakan Place, dans Orchard Road, la grande artère commerciale singapourienne. Et là, surprise : est-ce un mirage ? Ce bout de ville, jadis une plantation de muscadiers, est calme, ombragé. Les maisons, construites entre les années 1900 et 1940 environ, se suivent et se ressemblent, fusionnant

Prenez note…

Voler pour la peine

Le plus long vol commercial sans escale du monde est celui de Singapore Airlines reliant Newark et la ville-État : 16 600 kilomètres parcourus en 18 1/2 heures. Me croiriez-vous si je vous disais qu'avec une soixantaine de films à disposition, ça passe très vite ?

www.singaporeair.com

Singapore Sling

◆ ◆ ◆

*Selon la légende, ce cocktail fut un temps si populaire
que son créateur, le barman Ngiam Tong Boon,
de l'**hôtel Raffles**, en rangeait la recette dans
un coffre-fort de peur qu'on la lui vole !*

30 ml (1 oz) de gin

15 ml (½ oz) de liqueur de cerise (Cherry Brandy)

120 ml (½ tasse) de jus d'ananas

15 ml (½ oz) de jus de lime

7,5 ml (¼ d'oz) de Cointreau

7,5 ml (¼ d'oz) de bénédictine

10 ml (⅓ d'oz) de grenadine

1 trait d'Angostura

1 tranche d'ananas

1 cerise au marasquin

◆ Verser tous les liquides dans un shaker, sur quelques glaçons,
agiter vigoureusement et servir dans un verre à gin (highball).
Garnir d'une tranche d'ananas et d'une cerise.

UN SLING À SIROTER

Que serait un séjour à Singapour sans son Sling, je vous
le demande ! C'est à l'hôtel Raffles, l'une des premières
maisons à véranda construites sur Beach Road, qu'a été
créé, au début des années 1900, le « cocktail de filles » rose
bonbon mondialement connu. Chaises cannées, pales de
bananier brassant l'air paresseusement, langueur d'époque :
seul le sol jonché des écales des arachides que les clients
grignotent nous ramène brutalement au XXIe siècle !

www.raffles.com

Kébabs de bœuf piquant

◆ ◆ ◆

(Donne une vingtaine d'amuse-gueules)

300 g (10 oz) de bœuf à brochettes
Une dizaine de tomates cerises coupées en 2

MARINADE
4 c. à soupe de sauce de poisson
2 c. à soupe de sucre
2 c. à soupe de sauce d'huître
2 ou 3 gousses d'ail broyées
3 piments oiseaux hachés finement

◆ Couper la viande en une vingtaine de cubes.
◆ Dans un bol, mélanger les ingrédients de la marinade.
◆ Verser sur le bœuf, couvrir et réserver au réfrigérateur pendant 30 minutes.
◆ Cuire sous le gril du four pendant environ 6 minutes.
◆ Enfiler chacune des demi-tomates cerises (face bombée d'abord) et chacun des cubes de bœuf sur une petite brochette en bambou. Dresser les kébabs debout sur une assiette de service et offrir sans tarder.

Noix de cajou au garam masala

◆ ◆ ◆

Cet amuse-gueule de l'hôtel Fairmont Singapore rappelle que les arômes et les saveurs de l'Inde sont bien présents dans la ville-État. En prime, il se prépare en un rien de temps.
(Donne 3 portions)

200 g (7 oz) de noix de cajou salées
2 c. à soupe de garam masala (poudre de diverses épices dont la cardamome et la muscade)
1 c. à soupe de sucre
20 ml (³/4 d'oz) de sauce soja légère

◆ Mélanger tous ces ingrédients dans un bol, étaler sur une plaque à pâtisserie et enfourner à 160 °C (325 °F) pendant une dizaine de minutes.

Cocktail « Million Dollar »

◆ ◆ ◆

Autre création de Ngiam Tong Boon, ce cocktail a connu un succès instantané lorsque le dramaturge Somerset Maugham l'immortalisa dans une pièce intitulée The Letter. *L'histoire ne dit rien cependant de l'origine de son nom. Peut-être est-ce la somme que l'hôtel Raffles prévoyait qu'il lui rapporterait…*

30 ml (1 oz) de gin
7,5 ml (¹/4 d'oz) de vermouth doux
7,5 ml (¹/4 d'oz) de vermouth sec
120 ml (¹/2 tasse) de jus d'ananas
1 soupçon de blanc d'œuf
1 trait d'Angostura

◆ Verser le tout dans un shaker, sur quelques glaçons, agiter vigoureusement et, à l'aide d'une passoire à glaçons, filtrer au-dessus d'un verre à gin (highball).

Saté de porc

◆ ◆ ◆

Voici un des plats les plus populaires de l'Asie du Sud-Est.
Normalement embrochés et grillés au barbecue, les cubes
de porc peuvent également, comme je le propose ici,
être servis en bouchées individuelles.
(Donne une quinzaine d'amuse-gueules)

300 g (10 oz) de filet de porc

MARINADE
1 tige de citronnelle
1 échalote hachée menu
2 gousses d'ail broyées
1/2 c. à thé (à café) de coriandre moulue
1/2 c. à thé (à café) de curcuma
1/4 de c. à thé (à café) de cumin moulu
1/4 de c. à thé (à café) de sel
2 c. à soupe de sucre
3 c. à soupe d'huile d'olive

ACCOMPAGNEMENT
1 concombre pelé et tranché

◆ Couper la viande en une quinzaine de cubes.
◆ Retirer la première feuille de la tige de citronnelle, hacher le reste menu et mélanger avec les autres ingrédients de la marinade.
◆ Verser sur la viande, couvrir et réserver au réfrigérateur pendant 2 heures.
◆ Cuire sous le gril du four pendant environ 6 minutes.
◆ Enfiler chacun des cubes de porc sur une petite brochette en bambou. Dresser sur une assiette de service et offrir accompagné de concombre et de la Sauce à l'arachide (voir recette ci-contre).

Sauce à l'arachide

◆ ◆ ◆

Toute simple, mais ô combien goûteuse, cette sauce
est un must avec le saté de porc. Elle accompagne aussi
très bien les Quenelles (dumplings) de porc,
crevettes et pétoncles (voir recette page 40).
(Donne 400 ml ou 1 2/3 tasse de sauce)

1 tige de citronnelle
Huile
Piment fort haché menu, au goût
160 ml (2/3 de tasse) de lait
80 ml (1/3 de tasse) de lait de coco
165 g (2/3 de tasse) de beurre d'arachide
25 g (1/4 de tasse) d'arachides non salées broyées

◆ Retirer la première feuille de la tige de la citronnelle, hacher le reste menu et faire revenir dans un peu d'huile avec le piment.
◆ Ajouter le lait et le lait de coco.
◆ À feu moyen, incorporer peu à peu le beurre d'arachide, puis fouetter. (Au besoin, rajouter un peu de lait pour éclaircir la sauce.)
◆ Ajouter 3 c. à soupe d'arachides broyées et remuer.
◆ Laisser tiédir, répartir la sauce dans des petits bols (un par convive) et saupoudrer chacun d'une pincée d'arachides broyées.
Note : cette sauce se congèle.

Bornéo, Malaisie

L'esprit du riz

Ça y est, les dernières récoltes de riz sont terminées, on peut enfin festoyer ! En ce début de juin, les *Selamat Hari Gawai* — ou «joyeux festival» en malais — retentissent dans tout le Sarawak, un État malais au nord de l'île de Bornéo. Les musiques traditionnelles aussi. Sans compter les sonores «ooooha !» lancés à la cantonade en trinquant. «Le 1er, on boit le *tuak*, l'alcool de riz, et le 2, on tente de s'en remettre !» dit Anastasia Lim, guide touristique et iban de naissance.

Les Ibans constituent le plus important des 27 groupes ethniques de l'État. Ils comptent pour environ le tiers de ses 2,5 millions d'habitants. Si le *Gawai* est théoriquement «leur» festival puisqu'ils cultivent le riz sur collines depuis la nuit des temps, celui-ci ne joue pas moins un rôle unificateur auprès de tous les *dayaks* ou peuples du Sarawak. Bref, tout le monde y est convié, touristes compris.

Traditionnellement, la fête se déroule dans les maisons longues des Ibans. Comme elles portent bien leur nom :

on dirait des trains sur pilotis ! C'est qu'elles abritent l'équivalent d'un village... «Et comme elles avaient une fonction défensive, elles étaient toujours situées en bordure d'un cours d'eau», précise Mme Lim.

À Kuching, la belle capitale qui borde la rivière Sarawak, les maisons-entrepôts multicolores des commerçants chinois ont remplacé les maisons longues depuis belle lurette. Mais qu'à cela ne tienne : à une demi-heure de route, aux pieds de la montagne Santubong, le Sarawak Cultural Village est un musée vivant qui récrée, sur fond de forêt pluviale, l'univers non seulement des Ibans, mais aussi des Bidayuhs, des Orangs-Ulus et autres Melanaus.

Chez les uns et les autres

Dans la maison des Bidayuhs, des crânes humains, «trophées» de guerre de ces anciens coupeurs de tête, sont suspendus au-dessus d'un âtre. Jadis, un feu y était maintenu allumé en permanence pour garder bien au

chaud les esprits protecteurs qu'ils étaient censés contenir. La maison des Ibans en renferme aussi, bien sûr, puisqu'ils étaient les plus belliqueux des guerriers. «Les Ibans, qui pratiquaient une riziculture itinérante, étaient avides de terres, qu'ils s'appropriaient en partant en guerre contre d'autres tribus», explique la guide. Par ailleurs, tant qu'un jeune Iban ne pouvait exhiber au moins un «trophée», preuve de son courage, à sa dulcinée, il ne pouvait espérer l'épouser.

Juchée sur des échasses hautes comme des totems, la maison longue des Orangs-Ulus est la plus impressionnante de toutes. On y est accueilli par un joueur de *sape*, une sorte de luth. Dans les autres maisons, on tisse le bambou à l'aide des deux mains et de deux orteils (et vous devriez voir les motifs élaborés qu'on crée…), on vanne le riz, on emperle des robes, on confectionne des crêpes à base de sagou (une farine tirée de la moelle du sagoutier), bref, on s'adonne à des activités ayant pratiquement disparu.

Selon Zaini Zainuddin, chef marketing du village, les occupations traditionnelles de ces peuples, la pêche et la chasse comprises, ne sont plus désormais pour eux que des hobbies. «Les anciennes maisons longues en bois sont de nos jours remplacées par des modèles en béton, plus confortables, dit-il, où on vit toujours en communauté.» On les trouve en zones rurales, mais hors de la forêt, exploitation forestière oblige.

Histoire de vivre la Fête de la récolte du riz dans un cadre authentique, il me faut pourtant visiter une vraie de vraie maison longue, encore habitée. Elles se font de plus en plus rares, dit la guide, mais on en trouvera du côté de Batang Ai, situé à un «gros» quatre heures de route au nord-est de Kuching. De là, nous nous rendrons en bateau au hameau de Menkak. «Ça ira?» demande-t-elle. Mme Lim, quand on a parcouru plus de 17 000 kilomètres aériens pour atterrir au Sarawak, 250 kilomètres de plus, c'est du petit *tuak* !

Pour les Ibans, la région de Batang Ai est d'une grande importance historique, car c'est ici que leurs ancêtres ont combattu les émissaires des «rajas blancs», qui

souhaitaient les christianiser et couper court à leurs chasses aux têtes — ce qu'ils ont accompli dans les années 1930. «Rajas» réfère au Britannique James Brooke, à son neveu et son petit-neveu. Au XIXᵉ siècle, le premier, un mercenaire qui contribua à pacifier le Brunei, obtint de son sultan des terres qui constituent aujourd'hui le Sarawak.

La route qui mène en pays iban longe la frontière entre l'État et Kalimantan (la partie indonésienne de Bornéo). Entre deux villages esseulés, les poivriers succèdent aux cultures de rente que représentent le palmier à huile (30 % de la production mondiale pour l'alimentaire et le cosmétique, plus le biocarburant B5 d'usage local), l'hévéas, dont on tire le caoutchouc, et le cacaoyer. Les rizières, elles, rétrécissent à vue d'œil, paraît-il, devant ces plantations plus lucratives.

Et nous voilà arrivés au diable vert, où nous attend tout de même, de l'autre côté du réservoir d'un barrage hydroélectrique, le Hilton Longhouse Resort! À sa décharge, disons qu'il se fond parfaitement dans la jungle environnante. Nous y passerons la nuit. Le lendemain, au terme d'un trajet d'une heure en *long boat* sur la rivière Ulu Air, bordée de collines sur les flancs desquelles les Ibans des parages cultivent du riz, nous débarquerons enfin à Menkak.

Deux toits, un village

Ici vivent 47 familles dans deux maisons longues en bois de meranti et tôle ondulée. Dans l'une d'elles, des femmes vêtues d'un sarong balaient les nattes qui couvrent le *ruai*, cet espace vacant qui court sur la longueur de la maison. Il sert de pièce commune où les unes s'adonnent au tissage, les autres réparent leurs filets de pêche et les enfants se courent après. Ce *ruai* est rythmé de portes, une pour chacune des familles : elles mènent à leurs quartiers privés.

Une fois les balais rangés, les poignées de mains échangées, le *tuak* maison se met à couler à flots. C'est qu'on y prend goût! On danse, on chante, on s'essaie au tir à la sarbacane, on admire les masques et autres objets d'artisanat qui sont offerts à la vente, sans pression aucune, puis on partage le repas du chef, assis par terre dans une pièce qui sert aussi de dortoir. Cuits dans une tige de bambou sur le feu d'une cuisine de misère, le poulet et le riz sont délicieux.

Dans une maison longue, on est chef de père en fils, explique celui-ci en iban à Mme Lim, qui fait l'interprète. Son rôle est de veiller à l'harmonie du groupe, de régler les différends, de consigner mariages, naissances, décès et… d'accueillir les touristes, nombreux pendant le *Gawai*. Et vous le faites très bien, monsieur! D'ailleurs, votre hospitalité nous est d'autant plus précieuse que nous sommes conscients que votre monde se meurt pour cause de modernité et de déforestation.

À Kota Kinabalu, capitale quelconque du Sabah, État voisin du Sarawak, Trecey Tojuka, du bureau local de Tourism Malaysia, le dit clairement: «On ne peut stopper l'exploitation forestière, vitale pour notre économie, mais le gouvernement est à la recherche d'autres sources de revenus, comme le tourisme.» L'ennui, c'est que les décisions sont prises à Kuala Lumpur, la capitale du pays située en Malaisie péninsulaire, à trois heures de vol de la Malaisie orientale… Et pendant qu'on cherche, l'un des États les plus riches en ressources naturelles du pays demeure, dans les faits, l'un des plus pauvres.

Au Sabah, c'est fin mai que la Fête de la récolte du riz bat son plein. Elle porte le nom de *Ka'amatan* dans la langue des Kadazandusuns, groupe autochtone majoritaire de l'État. Les festivités mettent en scène des spectacles de danse grandioses, des chants et un *magavau* ou hommage, pratiqué symboliquement de nos jours par les dernières grandes prêtresses, pour remercier de sa générosité Bambaazon, l'esprit du riz. Car ici aussi, la riziculture rythme la vie, mais pour combien de temps encore? De plus en plus de terres, incluant des rizières, sont converties en zones commerciales, dit Mme Tojuka.

À voir au Sarawak

Le parc national Bako et ses singes nasiques, les Cyrano des primates, qui vivent haut perchés dans les arbres; le Semenggoh Wildlife Rehabilitation Centre, où on apprend aux orangs-outans ayant été domestiqués à survivre par eux-mêmes dans la jungle; le parc national du mont Mulu et ses impressionantes cavernes, dont une abrite des milliers de chauves-souris; et le Sarawak Museum, à Kuching, où les ethnologues en herbe apprécieront les artefacts ibans, photos sépia de leur quotidien d'autrefois, lémurs volants et autres bibittes bizarres, empaillés et présentés dans les vitrines.

www.sarawaktourism.com

♦ ♦ ♦

À faire au Sabah

L'ascension du mont Kinabalu (4095 m), qu'on présente ici comme la plus facile du monde. À partir de la Timpohon Gate (1866 m), on met une journée pour atteindre le refuge où on passe la nuit. Le lendemain matin, très tôt, on gravit les derniers kilomètres jusqu'au sommet de granit pour y admirer le lever du soleil, puis on redescend. Les guides sont des Kadazans des villages environnants qui connaissent «leur» massif – à l'inventaire du patrimoine mondial de l'UNESCO – comme personne.

www.mount-kinabalu-borneo.com

À une trentaine de minutes en bateau de Kota Kinabalu, les plages des cinq îles formant le parc national Tunku Abdul Rahman sont bien invitantes.

www.sabahtourism.com

«Mais à cause de la crise alimentaire, nous réalisons que nous devons les conserver. La Malaisie, incluant le Sabah, doit importer du riz, qui est à la bas de notre alimentation.»

Et ici aussi, les maisons longues des Kadazandusuns, des Muruts et des Rungus disparaissent. «Nous ne vivons plus dans ces maisons, confirme Mme Tojuka. Nous voulons tous progresser, personne ne veut demeurer en reste, mais en même temps, nous voulons préserver notre patrimoine.» D'où l'importance du *Ka'amatan* et du *Gawai*. Alors fêtons, en grand nombre et sans tarder, avant que les traditions liées à la riziculture ne soient plus que folklore.

Mocktail au thé vert, à la menthe et au litchi

♦ ♦ ♦

(Donne 4 mocktails)

1 litre (4 tasses) de thé vert infusé
Feuilles de menthe (une vingtaine)
4 c. à thé (à café) de sucre ou de miel
4 litchis frais

♦ Verser le thé dans une carafe et y faire macérer la menthe pendant quelques heures au réfrigérateur. Retirer la menthe, sucrer et verser le thé dans des verres à gin (highball), sur quelques glaçons. Déposer un litchi dans chacun d'eux.

Le coupeur de têtes du Sarawak

♦ ♦ ♦

En voilà un bien inoffensif ! Peut-être pas, après tout…

15 ml (1/2 oz) d'alcool de riz (ou de saké)
15 ml (1/2 oz) de vodka
15 ml (1/2 oz) de whisky
45 ml (1 1/2 oz) de jus d'ananas
15 ml (1/2 oz) de jus de lime
30 ml (1 oz) de sucre de canne liquide
1 trait d'Angostura
1 tranche d'ananas
1 cerise au marasquin

♦ Verser tous les liquides sur des glaçons dans un shaker. Agiter vigoureusement et verser dans un petit tumbler ou un verre tulipe. Garnir d'une tranche d'ananas et d'une cerise au marasquin. Servir avec une paille.

Salade épicée de poisson, concombre et germes de haricots

♦ ♦ ♦

*Franchement insolite, mais ô combien délicieuse, cette kerabu timun dan taugeh ravira vos invités. Même qu'ils en redemanderont, comme je l'ai fait après l'avoir dégustée au mirobolant **hôtel Pangkor Laut**, situé sur l'îlot privé éponyme, ancré dans le détroit de Malacca. Et bon appétit ou… selamat menjamu selera !*

(Donne de 6 à 8 portions)

200 g (7 oz) de poisson à chair blanche (comme de l'aiglefin)
200 g (7 oz) de germes de haricots
2 c. à soupe de pâte de crevettes
3 ou 4 mini-piments forts
70 g (2/3 de tasse) de noix de coco râpée
Sel et poivre au goût
2 c. à thé (à café) de sucre
3 c. à soupe de vinaigre de riz
1 concombre épépiné et râpé

♦ Griller le poisson dans une poêle antiadhésive.

♦ Blanchir les germes de haricots et les plonger immédiatement dans un bain d'eau froide et de glaçons. Laisser reposer pendant quelques minutes et bien égoutter.

♦ Passer au robot culinaire le poisson tiédi, la pâte de crevettes, les piments et la noix de coco jusqu'à l'obtention d'un mélange de consistance granuleuse.

♦ Frire cette préparation pendant 5 minutes dans la poêle ayant servi à cuire le poisson, transférer dans un saladier, saler et poivrer. Mélanger le sucre et le vinaigre et incorporer à la préparation*. Ajouter les germes de haricots et le concombre, remuer et répartir dans des coupelles.

* *Note : si vous préparez cette salade à l'avance, n'ajoutez le mélange de sucre et de vinaigre, les germes de haricots et le concombre qu'au moment de la servir.*

Rouleaux de printemps au crabe

◆ ◆ ◆

*Au Ritz-Carlton de Kuala Lumpur m'attendaient de belles
attentions : un majordome pour me préparer un bain parfumé
et… une taie d'oreiller brodée aux initiales de mon nom.
Je ne les ai pas oubliées, pas plus que ce délice du chef
Mohd Firdaous bin Mohd Izhar ! Originaire de l'État de Perak,
ce plat, comme la majorité des mets malais, est métissé
d'influences culinaires chinoise et peranakan (lire Singapour,
Parcours peranakan, page 59), bien vivantes au pays.*

(Donne 12 rouleaux)

1 pomme de terre coupée en petits dés

1 carotte coupée en petits dés

60 g (2 oz) de *jícama** coupé en petits dés

½ oignon haché

3 c. à soupe de sauce d'huître

60 g (2 oz) de petits pois

100 g (3 ½ oz) de chair de crabe émiettée**

Sel au goût

12 galettes de riz de 15 cm (6 po) de diamètre

Eau tiède

4 oignons verts émincés

1 œuf battu

Huile à friture

- Faire sauter la pomme de terre, la carotte, le *jícama* et l'oignon pendant quelques minutes dans la sauce d'huître. Ajouter les pois et le crabe, poursuivre la cuisson encore 3 minutes et saler. Retirer la préparation du feu et la laisser tiédir.
- Ramollir une galette dans de l'eau tiède. La poser sur un linge propre. Déposer 1 c. à soupe comble de préparation sur le quart inférieur de la galette, puis garnir d'une pincée d'oignon vert. Rabattre les côtés sur la garniture, puis la partie du bas. Rouler fermement et sceller l'extrémité avec un peu d'œuf battu.
- Répéter ces opérations avec le reste des ingrédients.
- Frire les rouleaux dans une friteuse, à 180 °C (350 °F), pendant 3 à 4 minutes. Égoutter sur du papier absorbant et servir.

* *Le jícama (ou igname patate) est un légume qui ressemble au navet.
Il est consommé au Mexique comme en Asie, où il est utilisé pour ajouter
du croquant à divers mets. Il peut être remplacé par des châtaignes d'eau.*
** *La chair de crabe à salade en conserve convient parfaitement.*

Prenez note…

Passez au *pasar malam* !

Les Malais adorent manger et le prouvent en fréquentant
assidûment les marchés nocturnes (*pasar malam*) de leurs
villes et villages. Pour goûter aux spécialités culinaires
locales, faites comme eux ! Participez aussi au Malaysia
International Gourmet Festival, un événement
qui se déroule chaque année à l'automne et
qui réunit, à Kuala Lumpur, la capitale du pays,
la crème de la crème des chefs locaux et étrangers.
www.migf.com

◆ ◆ ◆

Cordialement vôtre…

En Égypte, on l'appelle *karkadé*. En Afrique de l'Ouest,
oseille de Guinée ou *bissap*. À la Grenade, *sorrel*.
En Malaisie, *roselle* ou *assam susur*. En vérité, il s'agit
toujours de la même plante, soit l'*Hibiscus sabdariffa*
à calices rouges, dont on tire un cordial tonique et ultra
rafraîchissant, souvent offert en guise de boisson de
bienvenue. Vous fréquentez les épiceries fines ? Gardez l'œil
ouvert : certaines vendent ces fleurs, comestibles, en sirop.
Plongées dans des flûtes remplies de champagne ou
de vin mousseux, elles créent des cocktails éblouissants !

Thaïlande

L'Isan oubliée

On ne se bouscule pas sur les routes de l'Isan, la région nord-est du royaume thaïlandais. Si je ne m'en plains pas, je me demande tout de même pourquoi si peu de voyageurs se laissent séduire par la beauté de ses vestiges khmers et de ses paysages, tapissés de rizières. « La perception des visiteurs étrangers est que la Thaïlande se résume à Bangkok, Chiang Mai et Phuket, explique en soupirant Sethaphan Buddhani, de la Tourism Authority of Thailand (TAT). Or, nous aimerions tant qu'ils découvrent aussi cette Thaïlande rurale, riche d'un patrimoine khmer. »

Et quel patrimoine ! À partir du IXe siècle, l'empire des Khmers commence à s'étendre au-delà des frontières du Cambodge actuel. À son apogée, du XIe au début du XIIIe siècle, il comprend de vastes territoires aujourd'hui thaïlandais dont, au nord-est, la vallée de la rivière Mun et les provinces de Nakhon Ratchasima, Buri Ram, Surin et Ubon Ratchathani. Dans cette seule vallée, on estime que les Khmers ont construit plus de 300 temples, dont

Hin Phimai, qui était relié à Angkor par une « voie royale » longue de 225 kilomètres. Aujourd'hui, ce temple ainsi que ceux de Hin Mueang Tam, Kamphaeng Yai et Preah Vihear (ce dernier accessible par la Thaïlande bien qu'appartenant au Cambodge) figurent parmi les plus beaux sanctuaires khmers au pays.

Le soleil couchant embrase le ciel lorsque nous arrivons à Prasat Hin Phanom Rung, situé dans la province de Buri Ram. Érigé entre le Xe et la fin du XIIe siècle, c'est le plus grand et le mieux préservé des temples khmers en sol thaïlandais. Nous délaissons la plaine et le miroir de ses rizières pour le sommet d'un volcan éteint, où s'étale le sanctuaire. Mais nous sommes loin d'avoir atteint notre but : il nous faut d'abord franchir une longue voie de latérite, puis une enfilade d'escaliers, de terrasses, de ponts de pierre ornés de têtes de *nâga* (une créature mythique protectrice en forme de serpent) avant que l'ensemble de grès dédié à Shiva nous apparaisse enfin. Et nous voilà récompensés : des antichambres aux pavillons, c'est l'ébahissement devant toutes ces frises et colonnettes, tous ces frontons et linteaux où des figures enchevêtrées ont été sculptées avec une précision inouïe. Selon notre guide, si Angkor Wat est le plus élaboré des monuments khmers, de ce côté-ci de la frontière thaïlando-cambodgienne, Phanom Rung nous donne, à plus petite échelle, un bon aperçu du génie des artisans de cette civilisation.

Baba devant Babar

Dans les parages de Surin, capitale de la province du même nom, nous faisons ensuite halte à Ban Tha Sawang, un hameau tout entier dédié au tissage de la soie. «Cette région est la pionnière de l'industrie de la soierie au pays», dit avec fierté le designer Niran Sailegtim, qui nous fait visiter son atelier. Cette maison en bois, ouverte aux quatre vents, abrite des métiers à tisser d'un autre âge, des métiers gigantesques qui nécessitent chacun quatre ouvrières, dont une installée sous l'impressionnante mécanique. Chaque machine permet de créer de riches soieries aux motifs d'une grande complexité à raison de

six centimètres par… jour. «Ce sont des pièces uniques dédiées à la famille royale et aux dignitaires étrangers de passage», précise le designer en nous faisant admirer des étoffes fabuleuses.

La ville de Surin est également réputée pour son Festival annuel de l'éléphant, qui célèbre l'animal emblématique du pays. Rapatriés des quatre coins du royaume, où ils «travaillent» à amuser les touristes dans différents parcs, les pachydermes participent à des défilés et autres démonstrations d'adresse. «Cela a lieu le troisième week-end de novembre et c'est spectaculaire, dit M. Buddhani. En prenant un train en soirée au départ de Bangkok, on débarque au petit matin dans une ville dont les rues sont envahies par les éléphants !» Le reste de l'année, on se rabat plutôt sur l'Elephant Village, situé à Ban Ta Klang, où certaines des bêtes participant au festival sont dressées et données en spectacle. Franchement, en les regardant peindre avec leur trompe, projeter des ballons de soccer, lancer des dards, et quoi encore, je n'ai qu'une pensée : laissez-les donc tranquilles ! Surtout que le véritable «spectacle» se déroule ailleurs, dans une rivière

des environs : tous les jours, à 15 heures, les mahouts emmènent les Babar s'y baigner, et les regarder s'éclabousser les uns les autres et se faire récurer par leurs dresseurs est à mon avis autrement plus rigolo que de les voir se jucher sur un tabouret...

Pétroglyphes et poissons-chats

Poursuivant notre voyage vers l'est, nous traversons la verte campagne vallonnée de la province d'Ubon Ratchathani, damier de champs de tapioca et de rizières

peuplées de buffles d'eau. «Ici, on vit en autarcie, fait remarquer M. Buddhani. On vend les surplus de fruits et légumes au marché ou on les troque contre ce que produisent les voisins. Et puis, la rizière est un véritable garde-manger : outre le riz, elle procure du poisson, des verdures...» Une agente de voyages de Los Angeles qui fait partie de notre groupe décrète que la destination est «plutôt rustique». Elle se désole de ne pouvoir la proposer à sa clientèle fortunée, qui ne saurait se contenter de petits hôtels trois étoiles. Comme pour sauver l'honneur de la région, voilà que la route nous mène droit au Tohsang Khongjiam Resort. L'établissement, qui apparaît comme un mirage au bout d'un chemin de terre, est magnifique tout comme son emplacement, en bordure du Mékong, une frontière naturelle avec le Laos.

Une croisière sur le grand fleuve et son affluent, la rivière Mun, nous fait découvrir les villages de pêcheurs riverains. Au parc national Pha Taem, on admire, sur les parois d'une haute falaise, des pétroglyphes datant de 3000 ans, qui nous renseignent sur la vie de l'époque, axée sur la pêche au poisson-chat géant, celui-là même dont on se régale aujourd'hui dans les restos sans prétention installés au bord de l'eau. Et voilà qu'en contemplant le Mékong, je me prends à rêver au Laos. Le poste-frontière de Chong Mek est tout près et on dispense le visa d'entrée sur place. Il serait si facile d'atteindre Paksé, puis Vientiane et Luang Prabang. Ce serait même une suite logique à l'exploration de l'Isan, que la TAT présente d'ailleurs comme «une passerelle vers l'Indochine». Avis aux intéressés !

Appelée *roti sai mai*, cette gourmandise, qu'on déguste farcie d'une sorte de barbe à papa, est une spécialité d'Ayuthaya.

Mocktail à la citronnelle

◆ ◆ ◆

C'est la boisson la plus populaire du pays,
simple à préparer et exotique à souhait !
(Donne 6 mocktails)

2 litres (8 tasses) d'eau
6 c. à soupe de miel ou de sucre
8 tiges de citronnelle

◆ Faire bouillir l'eau et y dissoudre le miel ou le sucre. Retirer
la première feuille des tiges de citronnelle. Écraser les tiges avec
le dos d'un gros couteau et les faire bouillir pendant 2 à 3 minutes.
Retirer du feu et laisser refroidir. Retirer la citronnelle, verser
la boisson dans une carafe et réfrigérer. Servir sur des glaçons
dans des verres à gin (highball).

Note : Lorsqu'ils sont grippés, les Thaïlandais ne jurent que par ce mocktail,
qu'ils consomment alors chaud.

Tom Yumtini

◆ ◆ ◆

Le nom de ce cocktail se veut un clin d'œil à la célèbre
soupe épicée appelée tom yum. *Et tout comme elle,*
*cette création originale du **Met Bar de l'hôtel Metropolitan**,*
à Bangkok, émoustille drôlement les papilles !

2 tiges de citronnelle coupées grossièrement
3 feuilles de combava* fraîches
2 tranches de galanga* hachées grossièrement
1 1/2 mini-piment rouge fort
60 ml (2 oz) de vodka
30 ml (1 oz) de jus de lime
1 trait de cordial au citron vert

◆ Écraser la citronnelle, une feuille de combava, le galanga et
1/2 piment dans un shaker. Ajouter quelques glaçons et les liquides,
puis agiter vigoureusement. Filtrer le tout au-dessus d'un verre
à martini à l'aide d'une passoire à glaçons. Envelopper le piment
entier des deux feuilles restantes, l'enfiler sur un pique-olive
et déposer cette garniture sur le bord du verre.

* *Vous trouverez les feuilles de combava (kaffir lime leaves en anglais),*
tout comme le galanga, un rhizome qui ressemble au gingembre,
au rayon des fruits et légumes des épiceries asiatiques.

Vertigo Julep

◆ ◆ ◆

*À Bangkok, cap sur le Moon Bar et le resto Vertigo, perchés sur le toit de l'**hôtel Banyan Tree**, pour jouir d'une vue époustouflante sur la ville ! Depuis 1999, ce luxueux établissement se distingue aussi par une activité annuelle originale : un marathon… vertical au profit de la Croix-Rouge thaïlandaise, qui consiste à gravir le millier de marches menant au Moon Bar en un temps record. Voilà de quoi mériter amplement un Vertigo Julep !*

Une dizaine de feuilles de menthe
Le jus d'une lime
7 ml (1/2 c. à soupe) de sirop de vanille (tel celui de Monin)
60 ml (2 oz) de vodka parfumée à la vanille
3 fines rondelles de lime
Soda

◆ Dans un verre à gin (highball), écraser la menthe, puis verser le jus de lime, le sirop, ainsi que la vodka, et mélanger. Ajouter les rondelles de lime, remplir le verre de glaçons (idéalement concassés) et allonger de soda.

Trempette épicée à l'ananas

◆ ◆ ◆

*C'est à l'école de cuisine du **Blue Elephant**, un restaurant réputé de la capitale thaïlandaise, que j'ai appris à préparer cette trempette bien relevée. D'un beau rouge vif, elle «laque» à merveille crevettes et gambas !*
(Donne 250 ml/1 tasse de trempette)

1 petit piment rouge fort coupé en rondelles
1/2 poivron rouge épépiné et coupé grossièrement
3 gousses d'ail
75 g (1/3 de tasse) d'ananas frais haché grossièrement
1 c. à soupe de vinaigre blanc ou de riz
75 g (1/3 de tasse) de sucre
1/2 c. à thé (à café) de sel

◆ Cuire à la vapeur ou faire bouillir le piment, le poivron et l'ail jusqu'à ce qu'ils soient tendres. Au robot culinaire, réduire le tout en purée avec l'ananas. Verser cette préparation dans une petite casserole, ajouter le reste des ingrédients, mélanger, porter à ébullition et laisser mijoter quelques minutes jusqu'à ce que la sauce épaississe légèrement. Laisser tiédir avant de servir.

Salade de pomélo

◆ ◆ ◆

Bankaew est un petit restaurant familial situé au centre-ville de Nakhon Ratchasima, dans l'Isan. Jamais je n'oublierai la divine salade épicée que j'y ai mangée, un classique de la cuisine thaïlandaise appelé yam som-o, *ni la fierté manifeste de mes hôtes lorsque je leur en ai demandé la recette !*

(Donne de 2 à 3 portions)

16 petites crevettes cuites, déveinées et décortiquées

2 c. à soupe de carotte râpée

Piment fort haché finement, au goût

La chair d'un demi-pomélo* ou d'un gros pamplemousse rose

Le jus d'une lime

1 c. à soupe de sauce de poisson

1 c. à thé (à café) de sucre

1 c. à soupe comble de noix de coco grillée râpée

1 c. à soupe comble d'arachides rôties hachées

◆ Dans un saladier, mélanger les 3 premiers ingrédients. Dégager l'agrume de ses membranes, en déchiqueter la chair et l'ajouter au mélange. Dans un petit bol, mélanger le jus de lime et la sauce, puis y dissoudre le sucre. Incorporer cette vinaigrette à la salade au moment de la servir, parsemer de noix de coco et d'arachides, puis répartir dans des coupelles.

* *Vendu dans les épiceries asiatiques, le pomélo est un agrume qui atteint souvent la taille d'un melon, mais ne vous y trompez pas : une fois pelé, le fruit est petit.*

Salade de papaye verte

◆ ◆ ◆

En Thaïlande, la som tam *est préparée dans tous les marchés et consommée sur le pouce. Pas étonnant, c'est un pur régal !*

(Donne 3 portions)

VINAIGRETTE

1 c. à soupe de sauce de poisson

2 c. à soupe de jus de citron

1/2 c. à soupe de cassonade

2 c. à soupe de crevettes séchées* hachées

1 petite gousse d'ail broyée

Piment fort haché menu, au goût

320 g (2 tasses) de papaye verte* grossièrement râpée

8 tomates cerises coupées en deux

25 g (1/4 de tasse) d'arachides rôties hachées

◆ Dans un petit bol, mélanger la sauce et le jus, y dissoudre la cassonade, puis ajouter crevettes, ail et piment.

◆ Pendant que les crevettes se réhydratent, mélanger la papaye et les tomates dans un saladier. Incorporer la vinaigrette et les arachides à la salade seulement au moment de la répartir dans 3 coupelles.

* *Vous trouverez la papaye verte et les crevettes séchées dans les épiceries asiatiques. Ces dernières sont normalement vendues en sachet au comptoir des produits surgelés.*

Inde

De la jungle du Karnataka au pays bleu du Tamil Nadu

En route vers le parc national de Nagarhole et ses tigres du Bengale, je fais d'abord connaissance avec un «tigre» historique : Tipu Sultan. Je suis au Karnataka, à Srirangapatnam. C'est l'ancienne capitale de deux des plus puissants souverains du sud de l'Inde, fin XVIIIe siècle : Hyder Ali et son fils, le «tigre» en question. Si ce dernier avait réussi jusque-là à freiner les élans expansionnistes des Britanniques, c'est ici qu'il frappa son Waterloo et succomba sous leurs baïonnettes.

Hyder Ali et Tipu Sultan sont aussi indissociables de l'ancien royaume de Mysore, qui couvrait environ le tiers de l'actuel Karnataka, qu'Ernest Hemingway de Cuba. Tenez, à Bangalore, le jardin botanique de Lalbagh, pièce maîtresse de cette ville-jardin, fut dessiné par eux. Toujours dans la capitale de l'État, un palais d'été fut construit pour le fils. À Srirangapatnam, il en possédait un autre, devenu musée. Enfin, sa dépouille et celle de son père reposent dans un imposant mausolée, Gumbaz, situé non loin.

Soit, un tien vaut mieux que deux tu ne l'auras peut-être pas, et je ne peux reprocher au guide son long préambule historique, mais il n'en demeure pas moins que c'est un vrai de vrai fauve que j'espère apercevoir dans la forêt de Nagarhole, jadis le terrain de chasse exclusif des rajahs de Mysore.

À l'orée du parc national apparaît tel un mirage le Kings Sanctuary, un hôtel rustico-chic, composé de pavillons semés dans une plantation de manguiers. Ciel d'Asie, on se croirait dans un luxueux lodge d'Afrique ! C'est ici que j'ai rendez-vous avec Arjun, le chauffeur-naturaliste, qui arrive justement dans une jeep Maruti, un véhicule vert au propre comme au figuré. Et c'est parti pour un safari-photo.

L'ivresse de la jungle

Appelée aussi le parc national Rajiv Gandhi, la réserve est mieux connue sous son appellation d'origine, Nagarhole, du nom du cours d'eau qui la traverse, soit la «rivière aux serpents» en kannada, la langue officielle du Karnataka.

Contiguë à la réserve de Bandipur, elle souscrit tout comme elle au fameux «Projet tigre», qu'Indira Gandhi créa en 1973 pour protéger l'espèce, menacée d'extinction.

Sur ses 642 kilomètres carrés cohabitent, outre le félin associé à Esso, le gaur (bison indien), le renard volant (une chauve-souris immense), l'antilope tétracère (à quatre cornes), la chital (cerf axis), l'éléphant, le léopard, le macaque, les serpents de la rivière et 250 espèces d'oiseaux.

Tout au long du ruban goudronné (ça surprend, avouons-le…) qui nous mène, 80 kilomètres plus tard, au cœur de la forêt, Arjun n'en finit pas de repérer, grâce à son œil de lynx, nos amies les bêtes. Il arrête la jeep, montre du doigt, chuchote : là-haut sur la branche, des singes «chapeautés»; derrière les bambous, un congrès d'antilopes; là-bas, dans les hautes herbes, Babar et les siens, qui se dirigent vers un étang. Le spectacle est si irréel que j'en oublie — presque — de leur tirer le portrait. Soudain, Arjun immobilise la jeep à côté d'une haute tour d'observation. Il a vu des griffures, récentes, de vous devinez quoi, sur un tronc d'arbre. C'est bon signe… Du coup, je n'ai nullement envie de descendre du véhicule. «Dans tout le pays, on dénombre environ 2000 tigres du Bengale, et dans ce parc, une soixantaine, dit-il. Il suffit d'un peu de chance pour en apercevoir un.» Il ajoute que c'est un animal extrêmement territorial. Tiens donc, raison de plus pour rester coite. Mais voilà qu'Arjun, du haut de la tour, me fait signe de le rejoindre : droit devant, le voyez-vous? Par ici, les jumelles. Nous cherchions un tigre, nous trouvons plutôt une énorme, non, une colossale masse de fourrure noire qui descend paresseusement, boum, boum, boum, une colline. C'est un ours lippu! Irréel.

La Mysore des riches

À Mysore, je retrouve les «tigres» guerriers de Srirangapatnam. C'est que, jusqu'à l'indépendance de l'Inde, la petite ville fut la principauté des maharajahs de la dynastie Wodeyar et, brièvement, des usurpateurs du pouvoir que furent Hyder Ali et Tipu Sultan.

Dans une principauté, on trouve normalement des palais, et celle-ci en compte «juste» neuf! Cap sur le joyau de la couronne, Amba Vilasa, qui me semble d'autant plus fastueux que nous devons le visiter pieds nus. Pavillon de mariage octogonal coiffé d'un délicat vitrail à motif de paon, salle d'audience plantée d'une jungle de colonnes carrées, salle particulière où sont remisées, derrière trois portes en argent massif ouvré, les statuettes de la déesse protectrice de la ville, vitrines débordant de pierreries et de soieries, fauteuils en cristal qui auraient pu inspirer à Philippe Starck son modèle Louis Ghost, sols tapissés de mosaïques compliquées… Quel bazar! Aux visiteurs qui demandent si un rajah y vit encore, le guide Joe Solomon répond : «L'aile ouest est habitée par un prince obèse de 55 ans, ancien politicien recyclé dans le design de mode, qui tente de devenir président du conseil de l'association locale de cricket.» Voilà un pedigree digne d'un roman-feuilleton!

Construit en 1921, le palais Lalitha est une autre

demeure royale à haut indice d'ébahissement. «C'est ici que le maharajah recevait en grande pompe le viceroi de l'Inde, raconte le directeur N. K. A. Ballal. Converti en hôtel en 1974, le palais accueille une quinzaine d'équipes de tournage par année. » C'est dire l'opulence du lieu. Une suggestion, en passant : qui veut goûter au thali devrait le faire ici. Le thali est un mets traditionnel du Sud indien, composé de plusieurs petits plats, tels purées de légumineuses, caris de légumes, chutneys et yogourt servis avec du riz. Bien sûr, on peut s'en régaler dans les bouis-bouis du marché de Devaraja, où il est servi sur une feuille de bananier qu'on peut ensuite refiler aux chèvres qui rôdent dans les parages, parfait recyclage, mais chez Lalitha, on profite en prime du décor princier de l'ancienne salle de bal réaménagée en restaurant et, le soir, du concert traditionnel que donnent des musiciens.

Pour qui partage mon idée fixe, Mysore est aussi, dans cet itinéraire, votre dernière chance de rendre visite à l'ami tigré. Où ça ? Mais au zoo municipal ! D'accord, l'effet est beaucoup moins irréel qu'en pleine nature, mais ils sont tout de même une demi-douzaine, formidables spécimens, à parader sur un îlot, leur catwalk exclusif, isolé du reste du jardin par un fossé.

Le pays bleu

Aujourd'hui, nous disons adieu Karnataka, bonjour Tamil Nadu. Destination : Ooty ou Udhagamandalam, en tamoul. Cette ville est située à la jonction de deux grandes chaînes de montagnes appelées Ghâts occidentaux et orientaux, et au cœur des collines Nilgiri, les fameux sommets bleus. Il suffit de voir la mer d'eucalyptus au feuillage bleuté qui les recouvre pour saisir l'allusion. À moins qu'ils ne la doivent plutôt aux reflets de la brume qui les enveloppe au petit matin…

Ooty fut fondée au début du XIXe siècle par John Sullivan, un employé de la East India Company. À cette époque, le gouvernement de Madras s'y installait tous les étés pour échapper à la touffeur de la plaine. En cela, l'endroit rappelle Dalat, au Viêtnam, où les Français séjournaient pour la même raison. Perchée à quelque 2240 mètres d'altitude, au terme d'une route en épingle à cheveux, Ooty est en effet bien rafraîchissante.

Si la ville, hautement touristique, peut décevoir, le paysage environnant est grandiose : à perte de vue, sur les flancs abrupts des montagnes, des cultures en terrasses et, surtout, des jardins de thé. Du haut du mont Doddabetta, le regard embrasse une large portion de cette réserve de la biosphère. Le panorama est tout simplement époustouflant.

«Ignorant que le thé poussait à l'état sauvage dans l'Assam [État du nord-est du pays], le viceroi de l'Inde fit quérir en Chine des maîtres et des graines de thé en 1834», apprend-t-on au musée du thé d'Ooty. Les plants s'acclimatèrent parfaitement, le thé fut prononcé excellent et, en 1859, on «importa» de Chine des prisonniers de guerre pour travailler dans les premières plantations des Nilgiris. Les affaires théicoles allèrent si rondement qu'en 1891, la région exporta un million de livres de son thé à travers le monde, rivalisant ainsi avec la Chine et le Ceylan. Bientôt, il fallut créer une ligne de chemin de fer pour

relier les différentes plantations de thé haut perchées et acheminer leurs cargaisons plus rapidement à Mettupalayam, d'où elles étaient relayées au port de Kochi, dans le Kerala voisin. Coonoor-Ooty, le dernier tronçon de cette voie ferroviaire, fut achevé en 1908. Et c'est cette même voie que j'emprunterai le temps d'un voyage que je n'oublierai pas de sitôt.

Petit train va loin

Le train miniature vient à peine d'entrer en gare d'Ooty que la foule, loin de faire la file indienne, se rue littéralement sur lui. Chose certaine, il ne s'appelle pas *toy train* («train jouet») pour rien : ses voitures font la largeur des banquettes, qui peuvent accueillir quatre passagers. Seulement voilà : ils seront six, voire dix, à s'y empiler ! Je commence sérieusement à désespérer de monter à bord lorsque j'entends : «*Madam, Madam, there's room here for you !*» («Il y a une place pour vous ici.»)

Il s'avérera que le bienveillant jeune homme qui m'a adressé la parole doit se rendre à Coimbatore : il a tout bonnement parié que la blonde *Madam* qui arpente le quai a sûrement un chauffeur qui l'attend au terminus de Mettupalayam, qu'elle se rend elle aussi dans cette ville et… qu'elle a bon cœur. Que voilà un bel exemple de débrouillardise indienne !

Le train s'ébranle, et pendant plus de trois heures, défileront sommets, vallées, villages, gorges, cascades… Sur les flancs des montagnes, les denses théiers dessinent de gros médaillons : on dirait des écailles de tortue. C'est magnifique ! À Coonoor, deuxième station climatique en importance des Nilgiris après Ooty, la locomotive à vapeur fait le plein d'eau, les passagers, de jus, de noix, de chocolat. Puis le train poursuit sa descente à petite vapeur vers d'autres paysages de velours et la touffeur de la plaine.

Lassi

♦ ♦ ♦

Pour tempérer le feu des épices indiennes, rien de tel qu'un lassi, une boisson traditionnelle rafraîchissante à base de yogourt. J'aime particulièrement cette recette, au goût délicat.

250 ml (1 tasse) de yogourt nature
125 ml (½ tasse) d'eau froide
1 c. à soupe de sucre
¼ de c. à thé (à café) d'eau de rose
1 c. à soupe d'amandes broyées

♦ Verser le tout (sauf les amandes) dans le mélangeur avec deux glaçons et mixer. Servir dans un verre à gin (highball) avec une paille et saupoudrer d'amandes.

Le thé fruité glacé du Leela

♦ ♦ ♦

Ce «mocktail» du chef Zafar Ali, du Leela Palace Kempinski à Udaipur, au Rajasthan, en met plein la vue grâce à des bijoux de glaçons… à préparer la veille de votre réception.

(Donne 8 mocktails)

2 litres (8 tasses) d'eau bouillante
2 sachets de thé Earl Grey
2 sachets de thé au citron
2 c. à soupe de miel
80 ml (⅓ de tasse) de sucre de canne liquide
1 orange coupée en fines tranches
1 pomme tranchée en fines lamelles

♦ Verser l'eau dans une carafe et infuser les thés. Retirer les sachets, ajouter miel et sucre, et mélanger. Ajouter les fruits et laisser macérer pendant quelques heures. Servir dans des verres à gin (highball) avec trois glaçons (voir recette ci-contre), quelques tranches de fruit et une paille.

Glaçons à la lime

♦ ♦ ♦

(Donne 28 glaçons)

250 ml (1 tasse) d'eau
2 c. à soupe de cordial à la lime
2 c. à soupe de jus de lime
1 c. à soupe de sucre de canne liquide
Les graines d'environ ¼ de grenade
Une tranche de kiwi coupée en mini-dés

♦ Mélanger tous les liquides, en remplir à demi deux bacs à glaçons, déposer 5 ou 6 graines de grenade et un dé de kiwi dans chacune des alvéoles, puis congeler.

À L'HEURE DU *SPECIAL TEA*…

Quoi boire avec les *pakoras*, ces hors-d'œuvre typiquement indiens? De la bière, tout simplement. Anecdote : au Kerala, où il est interdit de vendre de l'alcool le dimanche, des restaurateurs qui ont le sens des affaires servent aux touristes de la bière Kingfisher dans des théières. Alors, ne vous surprenez pas si on vous y propose un… *special tea for two* !

Crevettes à la noix de coco et au curcuma

◆ ◆ ◆

*Comptant parmi les premières ressources du Kerala,
la noix de coco fait partie de quantité de plats locaux,
comme celui-ci, un pur régal de la Malabar House.*

(Donne 16 hors-d'œuvre)

Le jus d'une lime
2 gousses d'ail broyées
1 c. à soupe de gingembre râpé
1/2 c. à soupe de curcuma
2 blancs d'œufs
50 g (1/2 tasse) de noix de coco râpée
Sel et poivre au goût
16 grosses crevettes crues, déveinées et décortiquées
    (mais avec les queues)
Huile à friture

◆ Dans un bol, mélanger le jus de lime, l'ail, le gingembre et le
curcuma. Incorporer les blancs d'œufs, puis la noix de coco.
Saler et poivrer. Enduire les crevettes de cette préparation
et les poêler dans un peu d'huile jusqu'à ce qu'elles soient cuites.
Les éponger sur du papier absorbant avant de les déposer dans
des cuillères chinoises. Garnir chacune de Chutney aux dattes
et au piment vert (voir recette ci-dessous).

Chutney aux dattes et au piment vert

◆ ◆ ◆

*C'est fameux tant avec les Crevettes à la noix de coco et au
curcuma qu'avec des crevettes nature, et même de l'agneau !*

(Donne environ 125 g ou 1/2 tasse de chutney)

10 grosses dattes dénoyautées
Le jus de 2 limes
1 mini-piment vert fort
2 c. à soupe de gingembre grossièrement haché
Sel au goût

◆ Réduire tous ces ingrédients en purée au robot culinaire.

Pakoras d'aubergine et d'oignon

◆ ◆ ◆

*C'est à la **Malabar House,** un hôtel Relais & Châteaux
sympa, situé à Fort Cochin, au Kerala, que j'ai mangé
les meilleurs beignets de légumes du pays.
Attention, ça se dévore comme des chips !*

(Donne une quarantaine de *pakoras*)

100 g (1 tasse) de farine de pois chiches (*besan* en hindi)*
50 g (1/4 de tasse) de farine de riz*
1 pincée de poudre levante
1 c. à soupe de piment rouge fort moulu
1 c. à thé (à café) de cumin
250 ml (1 tasse) d'eau
2 aubergines chinoises ou italiennes non pelées et coupées
    en une quinzaine de fines tranches chacune
2 oignons coupés en fines tranches
Huile à friture
Sel au goût
Chutney à la menthe du commerce* (facultatif)

◆ Mélanger les 5 premiers ingrédients et incorporer l'eau peu à peu.
Tremper les tranches de légume dans cette pâte et frire dans
l'huile jusqu'à ce qu'elles soient dorées. Les déposer sur du papier
absorbant avant de les transférer dans un plat de service.
Saler et servir tel quel ou avec du chutney à la menthe, si désiré.

* *Vous trouverez cet ingrédient dans les épiceries indiennes.*

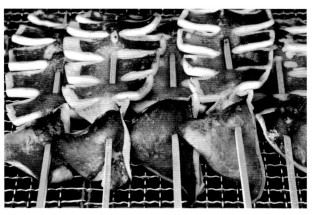

Cuisine de rue : y goûter ou pas ?

S'il est un plaisir auquel les gourmands en goguette comme moi résistent difficilement, c'est bien celui de goûter à la cuisine fricotée dans la rue, tout aussi révélatrice de l'histoire, de la culture et de l'identité d'un pays que ses sites-à-ne-pas-manquer. Et en Asie, comme nous sommes bien servis !

Très bien, pensez-vous, mais avec tout ce qui bouge comme virus, bactéries et autres parasites pouvant contaminer l'eau et les aliments, est-ce bien prudent ? Après tout, on aura beau avoir été vacciné comme une poupée vaudou, on ne s'en trouve pas pour autant totalement à l'abri d'une toxi-infection alimentaire.

Il y a bien sûr des règles de base à suivre pour s'éviter des ennuis de santé à l'étranger : ne boire que de l'eau embouteillée (ou de l'eau qu'on aura fait bouillir) ; éviter évidemment les boissons additionnées d'eau locale et les glaçons ; se méfier des produits laitiers ; et ne consommer que les fruits qu'on a soi-même pelés, ainsi que des aliments cuits adéquatement.

D'autres règles relèvent davantage du gros bon sens : se fier à son instinct (l'étal a l'air sale ? on passe son chemin !) ; manger là où les «locaux» s'attroupent (c'est bon signe…) ; et se faire recommander des endroits sûrs (chauffeurs de taxi et femmes de chambre sont de bonnes sources d'information).

Si certains partent en voyage avec leur pique-nique, des barres énergétiques plein leurs valises, si d'autres ne jurent que par les restaurants pour touristes, d'autres encore ne sauraient résister aux satés, *pakoras* et autres *pad thaï* préparés dans des cantines improvisées, et ne s'en portent pas plus mal. En fin de compte, c'est à chacun d'évaluer ce qu'il gagne ou perd en découvertes gustatives et en contacts avec l'autre en goûtant ou pas à la cuisine de rue.

Chic, un cocktail dînatoire !

De plus en plus populaire, le cocktail dînatoire est un assortiment de bouchées constituant un repas en soi. Si les recettes présentées dans les pages précédentes sont groupées par destination, rien ne vous empêche d'en combiner quelques-unes pour créer un cocktail dînatoire — un *dim sum*, diraient les Chinois — reflétant plusieurs cuisines du continent. Bonnes bouchées, bonne compagnie, la table est mise pour une soirée mémorable entre amis !

Pour préparer un cocktail dînatoire :

- Prévoyez une sélection de 6 à 8 bouchées salées, plus 2 bouchées sucrées en guise de dessert;
- Comptez une quinzaine de bouchées par personne;
- N'offrez pas plus de trois hors-d'œuvre nécessitant d'être servis chauds ou devant être préparés à la dernière minute, sinon vous ne pourrez profiter de la soirée;
- Servez en alternance bouchées épicées et moins relevées; hors-d'œuvre frits et rafraîchissants;
- Accompagnez les bouchées des cocktails proposés; d'un vin blanc ou rosé pour les amuse-gueules à base de poisson, de fruits de mer, de porc ou de poulet; ou d'un vin rouge s'il s'agit de hors-d'œuvre piquants.

Cocktail collectif

Une bonne astuce pour alléger vos préparatifs : pourquoi ne pas demander à chacun des couples que vous invitez de fournir deux hors-d'œuvre différents ? Votre cocktail dînatoire n'en sera que plus convivial !

Nul doute qu'à partir de plus de deux douzaines de recettes, plusieurs assortiments de bouchées peuvent être créés. En voici trois pour vous inspirer :

Crevettes en fête
- Crevettes à la citronnelle et vinaigrette au miel et au tamarin
- Crevettes à la sauce XO
- Crevettes à la noix de coco et au curcuma; Chutney aux dattes et au piment vert
- Concombre aux crevettes séchées et à la pâte de piment
- Gambas (chaudes ou froides) et trempette épicée à l'ananas
- Salade de papaye verte

À la bonne franquette
- Noix de cajou au garam masala
- *Edamame*
- Galettes de courgette (*Hobakjeons*)
- Crevettes à la Tsingtao
- *Pakoras* d'aubergine et d'oignon
- Concombre aux crevettes séchées et à la pâte de piment

Frais et piquant
- Salade épicée de poisson, concombre et germes de haricots
- Salade de pomélo
- Rouleaux de printemps au saumon fumé et Sauce au nuoc-mâm et aux fines herbes
- Salade de nouilles au bœuf et aux légumes (*Japchae*)
- Poulet grillé aux feuilles de combava
- Kébabs de bœuf piquant

Index par ingrédient — apéros

Alcool de prune japonais (Gekkeikan)
Umeshu-soda, 24

Alcool de riz (Soju)
Douceur de Séoul, 16
Premier amour, 16
Voir aussi Saké

Amandes
Lassi, 88

Ananas
Coupeur de têtes du Sarawak, Le, 72
Singapore Sling, 63

Angostura
Cocktail «Million Dollar», 64
Coupeur de têtes du Sarawak, Le, 72
Singapore Sling, 63

Bénédictine
Singapore Sling, 63

Citronnelle
Mocktail à la citronnelle, 79
Tom Yumtini, 79

Champagne
Bellini à la mangue, 32

Cointreau
Singapore Sling, 63

Combava (feuilles de)
Tom Yumtini, 79

Concombre
Premier amour, 16

Cordial à la lime
Glaçons à la lime, 88

Cordial au citron vert
Tom Yumtini, 79

Curaçao bleu
Seiryuu, 24

Galanga
Tom Yumtini, 79

Gin
Cocktail «Million Dollar», 64
Singapore Sling, 63

Grenade (graines de)
Glaçons à la lime, 88

Grenadine
Singapore Sling, 63

Jus d'ananas
Cocktail «Million Dollar», 64
Coupeur de têtes du Sarawak, Le, 72
Mocktail Manille, 32
Singapore Sling, 63

Jus de calamondin
Mocktail Manille, 32

Jus de canneberge
Hong Kong Night, 40

Jus de citron
Mandarin Sour, 40
Premier amour, 16
Seiryuu, 24
Taï chi, 48

Jus de lime
Coupeur de têtes du Sarawak, Le, 72
Glaçons à la lime, 88
Longanetini, 56
Mandarin Sour, 40
Seiryuu, 24
Singapore Sling, 63
Taï chi, 48
Tom Yumtini, 79

Jus de mangue
Bellini à la mangue, 32
Vertigo Julep, 80

Kiwi
Glaçons à la lime, 88

Lime
Vertigo Julep, 80

Liqueur de cerise
Singapore Sling, 63

Liqueur de litchi
Hong Kong Night, 40

Liqueur de mangue
Bellini à la mangue, 32
Douceur de Séoul, 16

Liqueur de melon
Premier amour, 16

Litchi
Hong Kong Night, 40
Mocktail au thé vert, à la menthe et au litchi, 72

Longanes
Longanetini, 56

Mangue
Bellini à la mangue, 32

Menthe
Mocktail au thé vert, à la menthe et au litchi, 72
Vertigo Julep, 80

Orange
Thé fruité glacé du Leela, Le, 88

Piment
Tom Yumtini, 79

Pomme
Thé fruité glacé du Leela, Le, 88

Saké
Coupeur de têtes du Sarawak, Le, 72
Sakétini, 24
Seiryuu, 24

Sésame (graines de)
Taï chi, 48

Soju (*Voir* Alcool de riz)

Southern Comfort
Douceur de Séoul, 16

Thé & tisane
Thé fruité glacé du Leela, Le, 88
Mocktail au thé vert, à la menthe et au litchi, 72
Mocktail Manille, 32
Taï chi, 48

Vermouth
Cocktail «Million Dollar», 64
Sakétini, 24

Vodka
Coupeur de têtes du Sarawak, Le, 72
Hong Kong Night, 40
Longanetini, 56
Mandarin Sour, 40
Tom Yumtini, 79
Vertigo Julep, 80

Whisky
Coupeur de têtes du Sarawak, Le, 72
Taï chi, 48

Yogourt
Lassi, 88

Index par ingrédient — bouchées

Ananas
Trempette épicée à l'ananas, 80

Arachide
Salade de pomélo, 81
Sauce à l'arachide, 65

Asperge
Légumes en robe de soja, 41

Aubergines
Pakoras d'aubergine et
d'oignon, 89

Beurre d'arachide
Sauce à l'arachide, 65

Bière
Crevettes à la Tsingtao, 48

Bœuf, *Voir* Viande

Carottes
Légumes en robe de soja, 41

Champignons
Légumes en robe de soja, 41
Salade de nouilles au bœuf
et aux légumes (*Japchae*)

Chou vert
Maki de foie gras, 25

Citronnelle
Crevettes à la citronnelle
et vinaigrette au miel
et au tamarin, 33
Saté de porc, 65
Sauce à l'arachide, 65

Combava (feuilles de)
Poulet grillé aux feuilles
de combava, 56

Concombre
Concombre aux crevettes
séchées et à la pâte de
piment, 48
Salade épicée de poisson,
concombre et germes
de haricots, 72

Courgette
Galettes de courgette
(*Hobakjeons*), 17

Crabe, *Voir* Fruits de mer

Crevettes, *Voir* Fruits de mer

Curcuma
Crevettes à la noix de coco
et au curcuma, 89

Dattes
Chutney aux dattes et au piment
vert, 89

Épinards
Salade de nouilles au bœuf
et aux légumes (*Japchae*)

Fines herbes
Sauce au nuoc-mâm et aux fines
herbes, 57

Foie gras, *Voir* Viande

Fruits de mer
Concombre aux crevettes
séchées et à la pâte de
piment, 48
Crevettes à la citronnelle et
vinaigrette au miel et au
tamarin, 33
Crevettes à la noix de coco
et au curcuma, 89
Crevettes à la sauce XO, 41
Crevettes à la Tsingtao, 48
Quenelles (dumplings) de porc,
crevettes et pétoncles, 40
Rouleaux de printemps au
crabe, 72
Salade de papaye verte, 81
Salade de pomélo, 81

Galettes de riz
Rouleaux de printemps
au crabe, 72
Rouleaux de printemps
au saumon fumé, 57

Garam masala
Noix de cajou au garam
masala, 64

Germes de haricots
Salade épicée de poisson,
concombre et germes
de haricots, 72

Jícama
Légumes en robe de soja, 41
Rouleaux de printemps
au crabe, 72

Légumes
Légumes en robe de soja, 41

Longganisas, *Voir* Viande

Noix
Noix de cajou au garam
masala, 64

Noix de coco
Crevettes à la noix de coco
et au curcuma, 89
Salade de pomélo, 81
Salade épicée de poisson,
concombre et germes
de haricots, 72

Nouilles
Salade de nouilles au bœuf
et aux légumes (*Japchae*) 17

Nuoc-mâm
Poulet grillé aux feuilles de
combava, 56
Sauce au nuoc-mâm et aux fines
herbes, 57

Œufs
Bruschettas de *longganisas*
et d'œufs de caille, 32

Oignons
Pakoras d'aubergine
et d'oignon, 89

Pamplemousse
Salade de pomélo, 81

Papaye
Rouleaux de printemps
au saumon fumé, 57
Salade de papaye verte, 81

Pâte de crevettes
Salade épicée de poisson,
concombre et germes
de haricots, 72

Pâte de piment
Concombre aux crevettes
séchées et à la pâte
de piment, 48

Pétoncles, *Voir* Fruits de mer

Poisson
Rouleaux de printemps au
saumon fumé, 57
Salade épicée de poisson,
concombre et germes
de haricots, 72

Pomélo
Salade de pomélo, 81

Porc, *Voir* Viande

Poulet, *Voir* Volailles

Salades
Salade de papaye verte, 81
Salade de pomélo, 81
Salade épicée de poisson,
concombre et germes
de haricots, 72

Sauce XO
Crevettes à la sauce XO, 41

Sauces
Sauce à l'arachide, 65
Sauce au nuoc-mâm et aux
fines herbes, 57

Saumon, *Voir* Poisson

Soja (feuilles)
Légumes en robe de soja, 41

Tamarin
Crevettes à la citronnelle
et vinaigrette au miel
et au tamarin, 33

Trempettes
Trempette épicée à l'ananas, 80

Viande
Bruschettas de *longganisas*
et d'œufs de caille, 32
Kébabs de bœuf piquant, 64
Maki de foie gras, 25
Quenelles (dumplings) de porc,
crevettes et pétoncles, 40
Salade de nouilles au bœuf et
aux légumes (*Japchae*), 17
Saté de porc, 65

Vinaigrettes
Vinaigrette au miel et au
tamarin, 33

Volailles
Poulet grillé aux feuilles
de combava, 56

La plupart des récits d'*Ambiances d'Asie* ont déjà été publiés au *Devoir*. Ils ont fait l'objet d'une mise à jour.

Merci…

À Diane Précourt, responsable de la section thématique au quotidien montréalais *Le Devoir*, qui m'ouvre toutes grandes ses pages depuis 1996. Pour leurs bonnes recettes ou suggestions, mes remerciements aux personnes, aux organismes et aux établissements suivants :

Corée du Sud : Le barman Louis Eom du Ritz Bar et le chef de cuisine Kim Soon-Ki du Ritz-Carlton à Séoul, ainsi que Park No Jung, directeur pour le Canada de l'Office national du tourisme coréen à Toronto.

Japon : Le chef Tatsuya Nishio du ryokan Hoshinoya à Kyoto, Linda Beltran du Ritz-Carlton, Marc Béliveau, attaché aux affaires publiques de la Délégation du Québec à Tokyo, Philippe Arseneau, directeur des ventes de Japan Airlines à Montréal, et Athena Ho de l'Office national du tourisme japonais à Toronto.

Philippines : Le chef Marko Rankel de l'hôtel Sofitel Philippine Plaza Manila et Patricia Gajo.

Hong-Kong : Le barman Eric Lau et le chef de cuisine Kwong Wai Keung du restaurant T'ang Court de l'hôtel The Langham; le chef Leung Wing Yeung du Lobster Bar and Grill de l'hôtel Island Shangri-La; le chef de cuisine Lo Kwai Kai de l'hôtel Hyatt Regency; et Karisa Lui du Conseil du tourisme de Hong-Kong à Toronto.

Chine : L'hôtel Fairmont Peace à Shanghai et Barbara Huang de l'Office national de tourisme de la Chine à Toronto.

Viêtnam : Le chef barman Tuyen et la chef Nguyên Thi Kim Hai de l'hôtel Sofitel Legend Metropole à Hanoi.

Singapour : L'hôtel Raffles Singapore et le chef Michael Muller de l'hôtel Fairmont Singapore.

Malaisie : Le barman Leo Lamumba de l'hôtel Grand Margherita à Kuching (Sarawak); George Oggenfuss du Pangkor Laut Resort (Perak); le sous-chef Mohd Firdaous bin Mohd Izhar du Ritz-Carlton à Kuala Lumpur; et Sandra Ngoh-Fonseka de l'Office de tourisme de la Malaisie à Vancouver.

Thaïlande : Le Rawi Warin Resort & Spa, un hôtel spectaculaire situé dans l'île de Lanta Yai (Krabi), pour sa recette de mocktail à la citronnelle; le barman Somkiat Thummakun de l'hôtel Metropolitan à Bangkok; l'hôtel Banyan Tree à Bangkok; le restaurant Bankaew à Nakhon Ratchasima (Isan); Nooror Somany Steppé, chef et co-propriétaire du Blue Elephant à Bangkok; et Kayla Shubert de la Tourism Authority of Thailand à Toronto.

Inde : Le chef Biju Varghese et Sheen Kumar de la Malabar House à Fort Cochin (Kerala); le chef Zafar Ali du Leela Palace Kempinski à Udaipur (Rajasthan); et I. Ramachandra V. Rao d'Indiatourism à Mumbai.

Bottin Web

Corée du Sud : www.visitkorea.or.kr, www.ritzcarlton.com
Japon : www.ilovejapan.ca, http://kyoto.hoshinoya.com, www.ritzcarlton.com
Philippines : www.tourism.gov.ph, www.sofitel.com
Hong-Kong : www.discoverhongkong.com, http://hongkong.langhamhotels.com, www.shangri-la.com, www.hyatt.com
Chine : www.tourismchina-ca.com, www.yunnantourism.com, www.fairmont.com
Viêtnam : www.vietnamtourism.com, www.tinhgiavien.com.vn, www.sofitel.com
Singapour : www.yoursingapore.com, www.peranakanmuseum.sg, www.fairmont.com
Malaisie : www.tourism.gov.my, www.grandmargherita.com/gmh, www.pangkorlautresort.com, www.ritzcarlton.com
Thaïlande : www.tourismthailand.org, www.banyantree.com, www.blueelephant.com, www.metropolitan.bangkok.como.bz, www.rawiwarin.com, www.tohsang.com
Inde : www.incredibleindia.org, www.india-wildlife.com/nagerhole-national-park.html, www.kingssanctuary.com, www.lalithamahalpalace.in, www.theleela.com, www.malabarhouse.com

Catalogage avant publication de Bibliothèque et Archives nationales du Québec et Bibliothèque et Archives Canada

Parent, Carolyne
Ambiances d'Asie
Comprend un index.
ISBN 978-2-89455-395-4
1. Asie - Guides. 2. Cuisine asiatique. 3. Hors-d'œuvre - Asie.
4. Cocktails (Boissons) - Asie. I. Titre.
DS4.8.P37 2011   915.04'43   C2011-940710-8

Nous reconnaissons l'aide financière du gouvernement du Canada par l'entremise du Fonds du livre du Canada (FLC) ainsi que celle de la SODEC pour nos activités d'édition.

Patrimoine canadien / Canadian Heritage   Canada   SODEC Québec

Gouvernement du Québec – Programme de crédit d'impôt pour l'édition de livres – Gestion SODEC

© Guy Saint-Jean Éditeur Inc. 2011

Conception graphique : Christiane Séguin
Révision : Jeanne Lacroix
Illustration de la page 7 : J.W.Stewart

Photos : Carolyne Parent, à l'exception des suivantes :
Couverture : Office national de tourisme de la Chine (couverture); Raffles Singapore (cocktails); Sofitel Legend Metropole (bouchées); page 25 : Hoshinoya Kyoto; 32, 33 (à gauche) : Sofitel Philippine Plaza Manila; 39 (encadré, haut) Bo Innovation; 43 : Tersina Shieh/iStockphoto; 49 : Office national de tourisme de la Chine; 56, 57 : Sofitel Legend Metropole; 58, 60 (bas, à droite); 61 : Conseil du tourisme de Singapour (STB); 60 (haut) : STB/Richard Seah; 62 : STB/Joe Teng Wei Ming; 63 (à gauche), 64 : Raffles Singapore; 65 (en haut) : TAT; 67 : Conseil du tourisme du Sarawak; 72 (à gauche) : hôtel Grand Margherita; 75, 81 (haut) : Office national du tourisme de Thaïlande; 80 (haut) : hôtel Banyan Tree; 83, 84 (à gauche) : Incredible India; 89 : Malabar House/Heiner Orth.

Dépôt légal – Bibliothèque et Archives nationales du Québec, Bibliothèque et Archives Canada, 2011
ISBN : 978-2-89455-395-4

Distribution et diffusion
Amérique : Prologue
France : De Borée/Distribution du nouveau monde (pour la littérature)
Belgique : La Caravelle S.A.
Suisse : Transat S.A.

Guy Saint-Jean Éditeur inc.
3440, boul. Industriel, Laval (Québec) Canada, H7L 4R9 • 450 663-1777
Courriel : info@saint-jeanediteur.com • Web : www.saint-jeanediteur.com

Guy Saint-Jean Éditeur France
30-32, rue de Lappe, 75011 Paris, France. (9) 50 76 40 28
Courriel : gsj.editeur@free.fr

Imprimé et relié au Canada